Contes et Proverbes Psy

Ysidro FERNANDEZ

ISBN : 978-2-9540771-9-2

Court proverbe
vaut mieux que long discours

Y.F.

un livre délivre

Court proverbe vaut mieux que long discours

Je me rappellerai longtemps cette anecdote qui a été un tournant décisif dans ma pratique psy. J'intervenais dans une classe de jeunes adolescents sur le thème du mal-être et, tout frais sorti de la faculté de psychologie, je m'appliquais à leur transmettre une partie de mon savoir. Lorsqu'une jeune fille se prénommant Zoé m'interpella :

— Vous parlez pas français ?

Je croyais qu'elle se moquait de moi, vu mon nom d'origine étrangère, mais non. Elle continua :

— Vous voulez nous aider à comprendre ce qui se passe dans notre tête, mais comment voulez-vous qu'on y arrive si on vous comprend pas ?

Toute la classe se mit à rire. Je restais de longues minutes à ne pas savoir que faire, puis j'eus un déclic.

Je recommençai à zéro. Au lieu d'un discours académique, je leur parlai de funambules, de vagues, de chevaux, d'arbres, de labyrinthes, de serpents venimeux et de roses qui ne fanent jamais. C'était un peu brouillon, mais l'échange avec les élèves fut fructueux.

Quelques jours plus tard, je fis le lien entre cette intervention et mes années d'enfance sur le banc de l'école. À l'époque, j'étais de l'autre côté de la barrière, à la place de l'ignorant, et l'enseignant essayait, tant bien que mal, de faire rentrer dans ma petite tête de nouvelles connaissances qui me parlaient autant que du chinois. Une question énigmatique me revint alors en mémoire : « Mais où est donc Ornicar ? »

Je n'ai jamais oublié cette phrase mnémotechnique. Elle m'avait permis de retenir par cœur la liste des principales conjonctions de coordination. Si j'avais dû les apprendre par ordre alphabétique (car, donc, et, mais, ni, or, ou), je ne m'en serais sûrement pas souvenu trente ans après. J'ai aussi mémorisé des comptines mathématiques (« un deux trois, nous irons aux bois, quatre cinq six, manger des cerises… »).

Selon les récentes découvertes en neurosciences, nous aurions en fait deux cerveaux, qui ne parlent pas la même langue. L'un préfère les maths et le français, l'autre la peinture et la musique ; l'un utilise le langage de la raison, l'autre celui de l'émotion. Plus un message s'adresse à ce deuxième cerveau émotionnel, et plus il aurait de chances d'être retenu.

Ce savoir est appliqué dans l'apprentissage scolaire, comme nous venons de le voir, mais aussi en politique ou dans la publicité, domaines où les spécialistes en communication concoctent des slogans percutants et faciles à retenir.

Les proverbes semblent avoir été spécialement écrits pour notre cerveau émotionnel – les phrases sont courtes, imagées et sonnent comme une chanson – d'où leur facilité à être mémorisés. Alors pourquoi ne pas transmettre mon expérience psy à l'aide de contes et proverbes, afin de la rendre davantage accessible au plus grand nombre ?

J'ai compulsé plus de dix mille proverbes du monde entier, mais je n'en ai retenu qu'une dizaine qui me paraissaient dignes d'intérêts pour ce projet. J'en ai donc créé une centaine de plus, tirés la plupart de ma pratique directe avec les patients.

❧ 2 ❧

À chaque pas de mule, l'horizon recule

L'horizon a ceci de particulier qu'il recule à mesure que l'on avance vers lui, semblant nous échapper sans cesse, et personne sur cette Terre ne peut se vanter de l'avoir un jour foulé. Quoi que nous fassions, et quelle que soit notre vitesse, il reste désespérément aussi inaccessible, indifférent à nos vains efforts.

Notre désir fonctionne un peu de la même manière, pareil à un puits sans fonds ou au tonneau des Danaïdes. J'ai beau avoir la santé, la richesse, la gloire, l'amour… je veux toujours plus. Dès lors, pas étonnant que nombre de sages aient mis l'accent sur l'art de se satisfaire de ce que l'on a ; la seule façon, selon eux, d'avoir une maigre chance d'approcher le véritable bonheur.

Facile à dire et à comprendre, mais très difficile à mettre en pratique. Il y a peut-être un moyen plus simple pour ne pas se faire piéger par l'horizon du désir :

celui de ne jamais chercher à l'atteindre, tout comme l'arbre pousse vers le soleil, sans espoir de parvenir à le toucher un jour. Le but, alors, n'est plus d'arriver quelque part, de réussir ceci ou cela, mais d'avancer, toujours avancer, en donnant plus d'importance au voyage qu'à la destination, puisque, de toute façon, que l'on aille au Nord, au Sud à l'Est ou à l'Ouest, au bout de la route il y a toujours l'horizon.

❧ 3 ❧

Absence de pluie n'est pas soleil

Ce n'est pas parce qu'il ne fait pas mauvais qu'il fait beau, et ne pas être malade ne suffit pas à être en bonne santé. Ne pas souffrir est une condition nécessaire, mais non suffisante pour être heureux.

Le beau temps, comme la santé, comme le bonheur, ne sont pas une absence de négatif, mais une présence de positif, une démarche active d'affirmation. La pluie qui s'arrête ne fait pas briller le soleil pour autant. Ne pas s'intoxiquer ni avoir mal au dos, ce n'est pas pareil qu'avoir une activité physique et un régime adéquats. Ne pas déprimer ni être angoissé, ce n'est pas la même chose que faire des projets, avoir une image positive de soi, être curieux de la nouveauté. Éviter la mort, n'est pas toujours synonyme de savoir affronter la vie. Certains croient en avoir fini, une fois débarrassés du négatif qui les empêchait de vivre, alors que le plus difficile commence.

❧ 4 ❧

Accident
fait oublier
mal de dent

Magiciens et pickpockets connaissent ce truc vieux comme le monde : le détournement d'attention. Le prestidigitateur vous montre avec insistance l'objet dans sa main droite, et, pendant ce temps, vous ne prêtez pas attention au tour de passe-passe qu'il effectue avec l'autre main. Dans un espace public noir de monde, un passant se cogne délibérément contre votre épaule droite, s'excusant faussement de sa maladresse, et, au même instant, un complice subtilise le portefeuille dépassant de votre poche gauche.

Cette technique est également utilisée en hypnose thérapeutique, pour calmer une douleur : on provoque un détournement d'attention sur une autre sensation, agréable ou pénible, qui fera oublier la douleur première. Nous arrivons parfois à utiliser cette stratégie, sans forcément nous en rendre compte. Telle personne oubliera son mal de dents en allant voir un film passionnant, telle autre provoquera involontairement un accident bénin, mais suffisant pour retenir son attention et lui faire oublier un conflit professionnel.

Pour que ce détournement s'installe dans le temps et que la douleur d'origine ne soit plus ressentie, le plus efficace est encore de se concentrer sur une autre douleur moins intense, qui servira d'écran à la première. Une jeune femme aura des problèmes urinaires dans les rapports sexuels, pour occulter un viol qu'elle préfère oublier. Des parents se focaliseront sur le comportement négatif de leur enfant, pour moins prendre conscience de leurs difficultés de couple. Une personne âgée se plaindra du voisinage, du bruit, du temps et d'autres menus détails de la vie quotidienne, pour oublier la solitude et la proximité de la mort.

Un problème en cache souvent un autre et il est rare que la plainte qui pousse à consulter soit celle qui fait vraiment souffrir. Un bon psy ne se laisse pas prendre à ce tour de passe-passe ; il cherchera ce que peut bien masquer cette souffrance mise en avant. Et si, comme il le suppose, elle sert d'écran à une autre souffrance plus importante, alors il se gardera bien d'enlever la première avant d'avoir aidé la personne à gérer et digérer la seconde.

Aide-toi,
le psy t'aidera

Un psy peut parfois faire des miracles, c'est en tout cas l'impression qu'auront des patients qui se sentiront beaucoup mieux après seulement quelques séances, mais il ne peut rien faire si la personne n'a pas fait le premier pas en venant le consulter. Ce qui peut déjà demander d'importants efforts : prendre conscience et accepter que l'on va mal, puis admettre que l'on n'est pas assez fort pour se guérir tout seul. L'aide commence par soi. Il faut se faire violence et se donner un coup de pied au derrière, alors que, dans ces moments où l'on a le sentiment de toucher le fond, on n'a qu'une envie : rester chez soi sous la couette et ne voir personne, surtout pas un étranger qui va remuer le couteau dans la plaie.

Après avoir effectué ce premier pas laborieux, certains s'imaginent qu'ils pourront se remettre entre les mains du psy, comme on laisse la voiture au garagiste ou ses dents au dentiste. Mais le long travail de guérison et de changement personnel ne s'arrête pas après l'heure de la séance. C'est même plutôt le contraire, c'est à partir de là qu'il commence, que le plus dur commence. Il faudra se replonger dans le quotidien avec ses manques et ses frustrations, et se retrouver face à soi-même, surtout, à ruminer longuement les paroles parfois obscures du praticien. Il faudra repenser au passé, pas forcément les souvenirs les plus agréables, et parfois prendre des notes sur un cahier pour les rapporter en séance. Certains thérapeutes donneront même des exercices à faire à la maison, comme au temps de l'école.

C'est vrai que l'on nous a transmis pas mal de savoirs, durant notre enfance, mais il faut souvent traverser des moments d'extrême souffrance pour découvrir que nous avons appris beaucoup de choses sur le monde, mais peu sur nous. Nous sommes capables de décrire le fonctionnement physicochimique de la vie, mais peu savent comment vivre. Comment moins souffrir pour mieux vivre.

En attendant que la psychologie devienne une matière scolaire aussi fondamentale que les maths, l'orthographe, la biologie, l'histoire et la géographie, c'est bien souvent le cabinet psy qui servira d'école de la vie. Un lieu singulier où l'on apprend surtout à désapprendre.

Après coup, nul n'échoue

Prendre des décisions est toujours un moment délicat, risqué, surtout si l'enjeu est important. Dois-je acheter cette maison ou cette autre ? Quel est le meilleur partenaire amoureux ? Dois-je faire des enfants maintenant ou attendre d'avoir une situation stable ? Pour quel métier suis-je fait ?...

Si nous hésitons tant devant de tels choix capitaux pour notre avenir, c'est que nous ne sommes jamais sûrs à cent pour-cent que telle décision ne conduira pas à une impasse ou un échec ; il est rarement écrit sur le front de l'être aimé qu'il nous quittera dans quelques années. Comme le dit un proverbe scandinave : « Si l'on savait où l'on allait tomber, on y mettrait de la paille avant. »

Faire un choix humain est moins du côté de la certitude que du pari. On peut, bien sûr, tenter de connaître au mieux la personne, le poste ou le projet sur lesquels on désire investir une partie de sa vie, mais un jour ou l'autre il faudra bien se lancer, car, à trop le viser, l'oiseau va s'envoler. L'avenir échappe en partie à notre volonté de savoir, d'où l'attirance universelle et intemporelle pour les voyantes, médiums et autres devins. Et lorsque l'échec survient, notre premier réflexe et celui de notre entourage est de dire : on le savait, on sentait que ça n'allait pas marcher, on aurait dû attendre encore un peu… On se ronge l'esprit, à coups de fautes, de regrets et de remords, persuadés que si l'on avait un peu plus réfléchi, on aurait mieux choisi.

Le tirage terminé, on connaît les numéros gagnants. Après coup, tout le monde est savant, pour ne pas dire voyant, mais face à l'avenir nous restons d'éternels aveugles ignorants. La différence fondamentale entre nous et une machine programmée, même très perfectionnée, est justement notre imprévisibilité. Si l'avenir reste ouvert et nous insécurise, parce qu'il échappe en grande partie à notre besoin de savoir, il nous apporte d'un autre côté ce qui manque aux robots trop prévisibles : la liberté.

≈ 7 ≈

Arc-en-ciel permanent
devient lassant

Si les arcs-en-ciel faisaient partie de notre paysage quotidien, comme si on les avait peints sur le firmament, l'on y prêterait moins attention. À l'instar de tous ces événements rares qui se détachent du fond répétitif de notre vie, comme la chute de neige en climat tempéré, une éclipse ou le passage d'une étoile filante.

On pourrait faire le même constat concernant les moments de béatitude et de bien-être que l'on rencontre dans les états amoureux ou créatifs intenses, dans des crises mystiques voire lors de la prise de substances qui modifient la chimie du cerveau. Chercher à trop prolonger ces expériences remarquables, c'est comme vouloir que l'arc-en-ciel ou l'éclipse durent sans fin, parce qu'on les trouve merveilleux. Mais la permanence de la situation va peu à peu transformer cet extraordinaire en ordinaire et lui faire perdre tout son charme.

De nombreux couples vivent ce phénomène d'habituation. Nous voulons tellement que l'arc-en-ciel des premiers instants dure, que nous lui faisons perdre l'éclat de ses couleurs, au point qu'un jour nous ne le voyons même plus. Comment ne pas se lasser d'une relation amoureuse ? En la prenant comme un être vivant et non comme une statue dorée ou un joli papillon que l'on épingle derrière une vitrine. En la laissant évoluer vers l'avenir au lieu d'essayer de la faire retourner au passé. En restant ouvert à l'inconnu plutôt qu'à vouloir sans cesse répéter le même connu.

❧ 8 ❧

Arroser au pas de course n'accélère pas la pousse

Un bon jardinier sait que chaque plante a sa particularité. Il arrose, enlève les mauvaises herbes et taille, tout en donnant à chacune le nécessaire pour grandir. Tel légume aura besoin d'une quantité d'eau qui nuirait à son voisin, et telle fleur exigera moins de soleil qu'une autre. Il ne demandera jamais à la rose de pousser aussi vite que le bambou et ne contraindra pas la tomate à mûrir à telle date précise du calendrier.

Devenir mère ou père, c'est rejoindre la grande famille des jardiniers de la vie. Être parent est bien sûr plus difficile, même si avoir la main verte n'est pas donné à tout le monde. Le jardinier a l'avantage de connaître d'avance les graines à planter et peut donc prévoir comment elles devraient se développer. Le parent, lui, est devant son enfant comme un explorateur découvrant une graine inconnue. Même si ce dernier a quelques idées générales sur comment les choses poussent dans ce monde, il doit accompagner la croissance de cette plante mystérieuse en essayant de comprendre ses besoins propres.

Devenir un bon parent, ce qui ne veut pas forcément dire être gentil, c'est découvrir que chaque enfant est unique et qu'il grandit selon des caractéristiques et une personnalité qui lui sont spécifiques. Il ne lui demandera pas de marcher, parler ou faire dans le pot au même âge que son frère ou à la date fixée par les manuels d'éducation. Il pourra aider l'un à s'épanouir dans la musique, et l'autre dans le sport, chacun selon son caractère, et acceptera que l'aîné soit plus porté sur les études que le dernier.

Forcer un enfant à grandir plus vite que sa musique intérieure ne peut que bloquer son évolution naturelle et le transformer en Pinocchio. Une belle marionnette, certes, qui peut devenir la fierté de ses parents, mais une marionnette tout de même. Être un parent jardinier, c'est donner la priorité à l'enfant réel qui grandit sous nos yeux, plutôt qu'à l'enfant rêvé que nous avons dans la tête.

❧ 9 ❧

Au creux des vagues,
on voit le marin

Les anciens marins, qui utilisaient des bateaux à voile, ne craignaient ni le vent ni les vagues, tant que cela ne les empêchait pas de naviguer. Si la mer bougeait, c'était signe de beau temps, car leur embarcation bougeait aussi, les rapprochant de leur destination. Ils redoutaient bien plus une mer trop calme qui les obligeait à rester au port en attendant que le vent se lève. Un médecin au service des urgences est un peu comme ces marins d'antan. Il guette sans arrêt la météo du malade, scrutant les vagues que dessine le cerveau sur l'écran. Tant que la courbe monte et descend, il est confiant. Mais quand le tracé devient aussi plat qu'un jour sans vent, alors il sait que la vie s'en est allée et que le patient ne verra plus jamais l'océan.

Face aux personnes qui me disent être au creux de la vague, je dessine une grande onde formant l'océan de la vie. Je leur demande ensuite dans quel creux ils se trouvent et je figure un bateau à cet endroit. Puis je les questionne sur ce qu'ils vivaient quand ils étaient au sommet de la vague. Et j'en fais autant pour les vagues précédentes. Comment ont-ils fait pour grimper sur la crête de la vague suivante ? Où leur bateau se dirige-t-il ?

D'un creux de vague immobile, semblable à un trou dont on a l'impression que l'on ne sortira jamais, cette simple mise en perspective permet d'arriver à une mer en mouvement qui déplace un bateau. D'une dimension verticale – j'étais au sommet, je suis maintenant dans le creux – on est passé à l'horizontale – je viens de là, je vais là-bas. C'est un petit changement, certes infime par rapport à la tâche qui les attend parfois, mais comme un caillou jeté dans l'eau, cela finit par faire des vagues.

Tant qu'il y a des vagues, il y a de la vie.

✤ 10 ✤

Baisser les bras
avance le trépas

La part de notre esprit, dans les souffrances et les guérisons du corps, est plus ou moins importante, selon que l'origine de la maladie est purement somatique ou non. Mais, de toute façon, cette part psychologique n'est jamais nulle, car nous sommes avant tout des êtres de chair et de sens.

Si l'état du sang qui circule dans nos veines peut avoir une incidence sur notre santé, le sens qui circule dans notre tête est aussi déterminant.

Pour une même maladie avec des conditions physiques identiques, une personne qui veut guérir et croit en son rétablissement aura plus de chances de s'en sortir qu'une autre qui baisse les bras et se dit « à quoi bon ». Quand notre tête n'y croit plus, le cœur n'y est plus, et il ne faudra guère longtemps pour qu'il lâche.

Mieux vaut se battre, que se laisser abattre.

❦ 11 ❧

Blanc sur blanc
donne du noir

Je me souviens des belles lettres arrondies, tracées à la craie blanche sur ce grand tableau noir qui m'a accompagné durant les années d'école. J'avais un prof de maths qui remplissait tellement le tableau de figures, symboles et formules, jusqu'au moindre recoin, qu'à la fin on n'y voyait plus rien. Le tableau était devenu tout blanc et, nous, nous étions dans le noir.

C'est un peu l'histoire de Léopold, né en Afrique Noire dans un des pays les plus pauvres du monde, là où la famine et les guerres civiles font office de quotidien. Malgré ce fond noir, il vécut une enfance heureuse. Il mangeait toujours à sa faim, hormis quelques périodes de disette, et sa famille eut la chance d'être épargnée par l'horreur des massacres.

Un matin, il croisa par hasard un cousin qui lui parla du pays où il avait émigré. Il lui montra quelques cadeaux ramenés pour la famille : un appareil photo, un téléphone portable, des vêtements de marque flambant neufs. Des choses totalement inconnues de Léopold, lui qui n'était jamais sorti de son village sans électricité ni eau courante. Mais il y avait surtout le reste, tout ce que le cousin de France lui racontera ce jour-là et qui empêchera Léopold de dormir pendant un bon moment : les sorties, les voyages, les filles, et l'argent, que Léopold n'en gagnerait jamais autant ici, même s'il devait travailler pendant mille ans. Le cousin parti, le petit bonheur de Léopold se transforma peu à peu en malheur. Comparé à la famine et aux guerres, il était auparavant content de sa condition ; comparée à la vie du cousin, la sienne devenait un enfer. Alors, un beau jour, il atterrit à Paris.

Les premiers mois furent merveilleux. En quelques années, il devint plus riche que tous les gens de son village réunis. Mais il ne fallut guère longtemps pour que Léopold commence à déchanter et à déprimer. Que s'était-il passé ?

Léopold avait seulement changé la couleur de fond du tableau, la faisant passer du noir au blanc. Plus il vivait ici et plus il oubliait son passé. Tout ce qui s'en détachait précédemment – l'argent, les sorties, les filles – tout cela était devenu le fond de son existence, il n'y pensait même plus tellement c'était devenu normal de vivre ainsi. En revanche, il n'avait pas de vrai travail, ni de vrais papiers qui l'autoriseraient à sortir de la clandestinité. Il rencontrait de plus d'autres personnes qui avaient plus d'argent que lui, de plus belles filles, de plus grosses voitures... Et le pire, c'était que son cousin était parti s'installer aux États-Unis, car il en avait assez de la misère dans laquelle il vivait en France.

Si le mot « bonheur » est de la même couleur que le fond, il disparaît. Comme ceci : «   ».

❧ 12 ❧

Cafard sans soif
refuse de boire

Ce type de proverbe est assez fréquent, dans diverses langues, sous l'image d'un âne ou d'un cheval que l'on mène à l'abreuvoir, mais que l'on ne pourra pas forcer à boire si lui-même ne le désire pas. J'ai pris ici l'exemple du cafard, car il nous suggère que cela ne sert à rien de vouloir secourir une personne qui a le cafard mais qui ne veut pas être aidée.

Hormis les thérapies de choc, que l'on utilise dans les hôpitaux pour les cas désespérés, la guérison psy demande une adhésion volontaire, sans quoi certaines portes affectives, qui s'ouvrent uniquement de l'intérieur, resteront fermées. Si l'on tente de forcer la porte du changement sans l'accord de la personne, l'effet est souvent contraire à celui qui était attendu : elle se blinde encore plus dans son monde, pour se protéger de ce qu'elle considère, parfois à juste titre, comme un viol psychique. Il est très difficile d'aider quelqu'un qui croit que tout va bien dans sa vie et qui ne sent pas sa souffrance. Vouloir guérir est le premier pas vers la guérison.

∽ 13 ∾

Carte périmée,
voyage périlleux

Quand on voyage dans une région ou un pays étranger, on emporte généralement avec soi une carte, afin de s'orienter plus facilement. Le monde étant en constante évolution, il est nécessaire d'avoir une carte récente, si l'on ne veut pas avoir de mauvaises surprises.

Quand on rencontre un être humain pour la première fois, c'est toujours un étranger. Cet individu a bien des caractéristiques semblables aux autres femmes et hommes qui partagent cette planète, mais nous ne savons pas au fond quelle est sa personnalité, quelles sont ses valeurs, comment il va se comporter dans telle situation, ce qu'il pense de nous... Or comme notre cerveau n'aime pas beaucoup l'inconnu, il se construit rapidement une carte pour nous guider et nous procurer un peu de maîtrise dans cette nouvelle relation. Le problème, c'est que nos cartes mentales sont fixes, comme une photographie, alors que les humains sont plus proches du cinéma.

« Tu n'es plus le même. » « Je ne te reconnais plus. » « Qu'est-ce qui t'arrive ? Ce n'est pas toi… » Nous prononçons habituellement ce type de phrase, quand le décalage entre notre carte et l'être humain face à nous est devenu problématique. Et que faisons-nous, la plupart du temps ? Est-ce qu'en bon voyageur nous changeons la carte pour une plus récente ? Non. C'est sur le ton du reproche que nous faisons ces constatations, sous entendant que, si l'autre redevenait comme avant, les choses iraient pour le mieux.

En fait, cet écart avec notre image mentale est le signe qu'un proche nous échappe et redevient un étranger ; ce que nous avons du mal à accepter, car nous perdons alors un contrôle sur cette relation.

Mais le plus grand étranger, celui que nous croyons connaître et qui se dérobe plus souvent que nous le voudrions, c'est assurément nous-même. De quand datent les dernières mises à jour de vos cartes mentales personnelles ?

❧ 14 ❧

Chanter sous la pluie éclaire la nuit

Certaines personnes sourient quand le soleil brille et font la tête quand il pleut. D'autres, à l'opposé, sont peu influencées par les caprices de la météo. Elles sortent, un chapeau dans une main et un parapluie dans l'autre, au cas où le temps change, mais qu'il pleuve, qu'il vente, qu'il neige ou qu'il fasse trop chaud, elles arriveront tout de même à passer une bonne journée.

Dans les relations humaines, on trouve la même distinction. Il y a ceux qui sont très dépendants du temps affectif extérieur, de ce que les autres pensent ou disent d'eux, et il y a ceux dont le baromètre intérieur reste au beau fixe quelle que soit la météo relationnelle. Dès lors, on peut dire qu'il n'y a pas un, mais deux bonheurs bien distincts.

Le premier, le plus classique, est le bonheur lié aux variables extérieures de l'existence. Je suis en bonne santé, ma femme m'aime, mes enfants sont intelligents et épanouis, j'ai un travail intéressant et bien payé… alors je suis heureux. Mais je ne suis pas à l'abri du mauvais temps : ma femme peut me quitter, je peux être licencié, je peux tomber malade, mes enfants peuvent avoir un accident. Dans ce type de bonheur, il ne faudrait pas dire « je suis heureux », mais plutôt « il fait beau temps dans ma vie ».

Dans l'autre type de bonheur, plus rare, je garde un amour de moi et de la vie qui varie peu selon les conditions extérieures. Ce bonheur-là est bien sûr plus difficile à construire que le premier, mais il est le seul à résister au temps qui passe. On se met généralement à sa recherche après avoir perdu un bonheur extérieur que l'on croyait impérissable.

Qui sait être heureux sous la pluie connaît le soleil intérieur qui brille même en pleine nuit.

❧ 15 ❧

Chauve-souris
se comprend la nuit

Qui voudrait comprendre une chauve-souris, sans prendre la peine de l'observer la nuit, se prépare à bien des soucis. On pourrait en dire autant des animaux sauvages, qui sont parqués dans des zoos ou mis en cage. Pour bien connaître les gazelles, rien ne vaut l'observation dans leur milieu naturel. Si je voulais écrire un livre sur la psychologie chinoise, j'aurais tout intérêt à me rendre en Chine, mais le mieux serait encore d'apprendre le chinois.

Quand nous sommes face à un autre être humain, nous ne prenons guère le temps de nous demander dans quel monde il vit et en quelle langue affective il parle. Sous prétexte qu'il s'exprime en français, en espagnol ou en anglais, et qu'il utilise les mêmes mots que nous, nous croyons naïvement qu'il pense comme nous. Nous essayons de comprendre un enfant avec notre tête d'adulte, un sentimental ou un croyant avec notre raison, un timide avec notre tempérament de meneur, un dépressif avec notre optimisme légendaire. Et nous croyons qu'il conjugue les verbes aimer ou pleurer selon le même mode que nous. D'où les nombreuses incompréhensions que nous rencontrons dans nos relations.

Si notre interlocuteur voit le monde à la manière des fourmis, il faudra nous mettre à quatre pattes pour avoir une chance de le comprendre. Et si nous voyons habituellement les choses d'en haut, telle une girafe, nous l'inviterons à étirer le cou.

Communiquer, c'est traduire.

❧ 16 ❧

Cheval sans œillères
ne fera pas carrière

Si l'on veut qu'un cheval gagne la course, on lui met
des œillères afin qu'il ne soit pas distrait par des visions
parasites qui le détourneraient de l'objectif. Ceux qui
vont loin dans la vie ont généralement aussi des œillères. Ils concentrent tout leur temps et leur énergie sur
un projet unique. Leur démarche peut paraître étroite
et bornée, mais elle est plus efficace que s'ils avaient
couru plusieurs lièvres à la fois. En même temps, cette
stratégie est aussi plus risquée, puisque s'ils perdent, ils
perdent tout.

Dans la course au bonheur, on peut ainsi définir
deux types de joueurs : ceux qui parient beaucoup sur
un seul cheval, espérant gagner le maximum, et ceux
qui misent peu sur plusieurs chevaux afin de perdre le
minimum. Les uns veulent gagner, les autres ne veulent
pas perdre. Les premiers jouent à « qui gagne, ne perd
pas », les seconds à « qui ne perd pas, gagne ».

Au jeu de la vie, gagnants et non-perdants jouent différemment.

Chien blessé
délaisse la pâtée

Quand un chien tombe malade, il se prive de manger, se terrant dans un coin pour consacrer toute son énergie à la guérison. Ce programme de protection devient alors prioritaire sur celui de la nutrition.

Les humains ont des comportements similaires, lorsqu'ils attrapent une bonne grippe qui les cloue au lit pendant quelques jours. Dès qu'ils sont rétablis, ils retrouvent aussitôt énergie et appétit. Une maladie psychologique comme la dépression active le même principe d'auto-guérison. On n'a ni faim ni envies, on ne veut plus voir personne, on ressent une immense fatigue, mais on n'est pas inactif pour autant. On tente de se soigner par ses propres moyens, sans en avoir vraiment conscience, en utilisant le maximum d'énergie disponible pour ressasser et ruminer le passé. Et que fait l'entourage du déprimé, qui désire l'aider ? Il l'incite à sortir, bouger, se changer les idées, et se forcer à manger pour retrouver des forces. Et comment réagit en général ce dernier ? Il déprime encore plus de voir qu'il ne peut pas suivre ces conseils pour bien portants.

Le chien blessé n'est pas malade de ne pas vouloir manger ou jouer comme d'habitude. Ces symptômes, qui peuvent paraître négatifs vus de l'extérieur, sont plutôt le signe d'une riposte d'auto-guérison mise en place par l'organisme. La maladie du chien est ailleurs, ce peut être une défaillance d'un organe interne ou une blessure externe. Mais si le chien reste trop longtemps terré dans son coin sans manger, il se met en danger.

De même, on n'est pas malade parce que l'on déprime ; on déprime généralement parce que l'on n'arrive pas à accepter et à digérer un passé qui fait mal. Mais si la dépression s'installe dans le temps, elle se change alors en maladie. Avant de traiter la dépression comme un rhume que l'on attrape et dont il faudrait se débarrasser, essayons de voir si elle n'est pas une tentative pour guérir d'un mal plus profond.

❧ 18 ❧

Choisir,
c'est perdre

Voyager, c'est marcher sur une route qui, à un moment ou un autre, aboutit à un carrefour d'où partent différentes voies. Pour continuer le périple, il faudra choisir l'une d'entre elles, car, comme le dit un proverbe créole, même si le chien a quatre pattes, il ne peut pas pour autant emprunter quatre chemins à la fois. Face à l'incertitude qui accompagne la plupart des choix fondamentaux que nous devons effectuer dans la vie, nous avons deux stratégies possibles, celle du meilleur et celle du moins pire.

Le problème avec la stratégie du meilleur, c'est que nous cherchons toujours à accumuler les gains et le positif ; nous voulons le beurre, l'argent du beurre et, tant qu'à faire, la vache, la crémière et le pot au lait... J'aimerais un travail bien payé et valorisant et sécurisant et près de chez moi et... Les partenaires amoureux doivent également avoir toutes les vertus du monde, d'où la difficulté à choisir. L'idéal serait bien souvent d'avoir plus d'une femme ou d'un homme dans sa vie. À plusieurs, leurs qualités s'additionnent, à défaut de trouver l'oiseau rare qui les cumulerait toutes.

Si l'on a du mal à choisir par le positif, on peut toujours essayer la stratégie négative. Au lieu de se demander ce que l'on veut gagner, on s'interrogera sur ce que l'on ne veut pas perdre. L'avantage du négatif, c'est que l'on a moins tendance à l'accumuler, le pire étant plus répulsif que le meilleur. Et l'évitement de la souffrance étant un moteur plus puissant que la recherche du plaisir, il permet généralement de faire pencher la balance.

❧ 19 ❧

Cœur de chêne,
écorce de roseau

« Je plie mais ne romps pas », telle est la morale que l'on peut retenir de la fable « le Chêne et le Roseau » que La Fontaine a repris deux mille ans plus tard au grec Ésope qui, à l'époque, avait choisi de personnifier un olivier plutôt qu'un chêne. Et l'on pourrait, dès lors, en conclure hâtivement que la souplesse serait préférable à la fermeté.

Mais ce que les deux fabulistes ne nous disent pas, c'est que la souplesse n'est pas que l'apanage du roseau. Il suffit de se promener dans des régions ventées pour voir des arbres imposants qui ont épousé la courbe du vent, à force de subir son assaut des années durant. Sans cette écorce de roseau, ces arbres auraient perdu racine. De même, la souplesse du roseau n'est qu'apparente, car sa fermeté est cachée sous terre, dans ses racines qui, elles, restent inébranlables malgré le vent. Sans ce cœur de chêne, le roseau serait ballotté comme une feuille au vent.

❧ 20 ❧

Cœur vide,
ventre plein

De la même façon que notre ventre se nourrit d'aliments, notre cœur a besoin de nourritures affectives, tels une relation amoureuse, un enfant, des amis, le travail, la reconnaissance sociale, la justice et la paix, la spiritualité, la vérité… Si nous ne connaissons plus la faim, du moins sous nos latitudes, il n'en est pas de même du manque affectif. Aujourd'hui, nous avons surtout peur d'être abandonnés, d'être seuls, de mourir inconnus, de n'être plus utiles. Comme le ventre, le cœur a horreur du vide. Et rien de plus normal que de vouloir le combler.

On cherchera vite un autre partenaire ou un nouveau travail, on refera un enfant pour remplacer celui qui est mort prématurément, on s'engagera dans un autre projet ambitieux dès l'échec du précédent. Mais si le vide et la souffrance sont trop profonds, il faudra une solution de remplacement : se remplir le ventre d'aliments ou d'alcool, à défaut de combler le cœur.

Il existe de nombreux proverbes, à travers le monde, disant qu'il vaut mieux aller chez le boulanger que chez le médecin et que la meilleure façon de satisfaire l'âme, en définitive, c'est de bien nourrir le corps. Mais cela ne marche pas toujours, car un ventre plein n'empêche pas le cœur de crier. Ces béquilles rendent malgré tout le manque supportable. Ce qui n'est déjà pas si mal.

ॐ 21 ॐ

Confiance élevée
baisse la conscience

Le réveil sonne, une nouvelle journée de travail commence. Comme chaque matin, j'effectue les mêmes gestes automatiques : ouvrir les yeux, chausser les pantoufles, enfiler la robe de chambre, allumer les lumières, aller aux toilettes, tirer la chasse, me débarbouiller le visage, mettre de l'eau à chauffer, préparer le thé, me raser, boire le thé, prendre une douche, m'habiller, vérifier régulièrement l'heure, sortir les clés, fermer la porte, descendre les marches... Maintenant que se passerait-il si, pendant mon sommeil, on avait déplacé légèrement quelques objets de mon décor quotidien ? Je sentirais quelque chose d'anormal et je prendrais alors plus conscience des gestes effectués.

On observe ce même phénomène quand on retourne chez soi après une longue période d'absence ; on perçoit subitement l'existence de bâtiments ou d'autres éléments du paysage qui laissaient jusqu'alors indifférent. Quand on se côtoie journellement, on s'habitue à la présence de l'autre et l'on finit par s'installer dans une routine connue de tous les couples. Un changement subit de comportement chez l'un des partenaires déstabilisera la confiance et réveillera la conscience.

Cette dernière fonctionne un peu comme une caméra de surveillance. Elle s'allume face à des situations nouvelles, potentiellement dangereuses, mais elle se met en veilleuse dès que la répétition d'un même événement nous met en sécurité. La confiance en soi est ainsi fortement liée à l'habitude. Quelqu'un peut être très sûr de lui tant qu'il ne quitte pas son quartier, son travail, ses proches, mais peut vite se comporter comme un enfant dès qu'il aborde un monde inconnu. À l'inverse, d'autres peuvent se sentir très à l'aise dans le changement perpétuel, mais très angoissés dès que les choses se répètent. Ceux-là ont du mal à se mettre en pilotage automatique, à lâcher l'emprise de leur mental sur les événements. C'est une autre forme d'absence de confiance.

Mais que se passerait-il, alors, si une personne avait une confiance absolue en elle-même ? Cette trop grande confiance l'aveuglerait au point de ne plus voir un nouveau danger qui se présenterait.

Qui veut rester conscient ne doit pas être trop confiant.

❧ 22 ❧

Coup prévu
vaccine

L'approche de l'hiver voit ressurgir pulls, manteaux, écharpes, bottes, bonnets mais aussi vaccins contre la grippe. Le principe de la vaccination consiste à s'inoculer volontairement une dose affaiblie du microbe, afin de mieux préparer et stimuler les défenses pour le jour où le véritable virus attaquera.

Aussi étrange que cela puisse paraître, notre cerveau n'a pas attendu que l'humain découvre ce principe ; il sait utiliser lui-même cette stratégie de protection. Le psychovirus contre lequel il s'agit de se prémunir, est un événement à venir dont on craint l'issue – un licenciement, un échec, une rupture, un deuil, une dispute, un affrontement. Pour fabriquer le psychovaccin, le cerveau provoque virtuellement la situation redoutée en forçant la personne à y penser, éveillée ou pendant ses rêves ou cauchemars. La scène est vécue dans l'imaginaire et non dans le réel, affaiblissant ainsi son impact psychologique, mais cette simulation est assez réaliste pour provoquer des réactions psychosomatiques et des idées de solutions qui préparent le cerveau à répondre plus tard au danger, s'il se présente.

On retrouve un peu ce processus dans l'accompagnement d'un proche atteint d'un cancer ou de toute autre pathologie difficile à soigner. Si le malade décède, la souffrance est au final beaucoup moins forte, pour ceux qui l'ont assisté durant toutes ces années, que s'il était mort brutalement d'une crise cardiaque alors que, la veille, il était optimiste et en pleine forme. La pensée positive qui nous exhorte à voir la vie en rose est le coach mental qui peut nous aider à améliorer nos performances, mais elle tourne rapidement à vide si elle ne fait pas équipe avec la pensée négative, le médecin qui nous vaccine en anticipant un avenir sombre.

✌ 23 ✌

Couper l'alarme
n'éteint pas le feu

Les alarmes, que nous installons dans nos maisons, nos voitures et toutes les choses auxquelles nous tenons, ont la désagréable propriété d'émettre des sons insupportables pour nos oreilles délicates. Une alarme silencieuse aurait l'avantage de ne pas nous importuner et le désavantage de ne plus nous déranger pour nous forcer à intervenir.

Notre corps, lui aussi, est couvert de capteurs sensoriels qui détectent le moindre événement pouvant compromettre notre vie. Si je pose la main sur une plaque brûlante, un signal de douleur déclenche une réaction immédiate qui m'oblige à l'enlever. Dès lors, quelqu'un qui deviendrait insensible à la douleur serait paradoxalement en grand danger, car il n'aurait plus les moyens de se protéger.

Beaucoup de symptômes sont des alarmes dont la

fonction principale est de nous avertir qu'il y a le feu, dans notre relation de couple, avec un enfant, nos parents, au travail, entre notre esprit et notre corps. Ça gratte, ça pique, ça fait mal pour nous pousser à résoudre le problème qui s'aggrave petit à petit. Certains préfèrent éteindre ce signal plutôt que l'écouter, faisant tout leur possible pour faire taire cette dépression, cette allergie, ce mal de dos, cette insomnie, cette boulimie, cette angoisse qui les dérange. Le silence revenu, ils croient être hors de danger, alors que le feu continue à couver sous la cendre des maux.

Soigner, c'est écouter la souffrance qui nous alarme, pour détecter et tenter d'éteindre le feu qui l'a déclenchée. Untel qui a de l'eczéma pourra en fait avoir une relation trop fusionnelle avec sa mère. Une autre qui fait des crises de boulimie n'aura pas des difficultés diététiques mais affectives. Un troisième qui se plaint d'un ulcère à l'estomac sera victime de harcèlement moral au travail. Un enfant qui désinvestit l'école vivra mal la séparation des parents…
Mais certains symptômes sont parfois insupportables. Une démarche visant à atténuer ou faire disparaître cette douleur pourra être complémentaire à un soin en profondeur pour s'occuper du feu. L'important est de bien différencier ces deux aspects, l'alarme et le feu, et de ne pas croire que l'on éteint l'un en coupant l'autre.

☙ 24 ❧

Défenses
ne gênent pas
l'éléphant

Comme le disent des proverbes d'Orient et d'Afrique, l'éléphant n'est pas gêné par le poids de ses défenses, pas plus que le buffle ou le rhinocéros par la charge de leurs cornes. Ce qui pour nous serait un fardeau ne l'est pas pour eux qui s'en servent avant tout pour se défendre.

De même, quand nous observons un humain aux conduites aberrantes ou pesantes, gardons-nous de lui proposer de les supprimer avant de savoir à quoi elles servent. Neuf fois sur dix, ces comportements indésirables et lourds à porter, aussi bien pour la personne que pour son entourage, sont une façon de résoudre un problème, de se protéger du monde et des autres, potentiellement dangereux.

Mieux vaut de lourdes défenses qu'être sans défense.

Donner des clefs n'ouvre pas la porte

Soigner les maux de l'esprit ou éduquer consiste à s'occuper d'individus faibles. C'est-à-dire des enfants, mais aussi des adultes qui souffrent et se comportent dès lors comme des enfants. Contrairement à une croyance partagée, le but de l'éducation et de la thérapie n'est pas de les rendre heureux, mais de leur donner les moyens de devenir plus tard heureux.

La nuance peut paraître subtile, mais elle est d'importance. Dans un cas, c'est nous qui sommes acteurs et responsables de leur bonheur, dans l'autre, c'est eux. Soit nous leur ouvrons l'accès au Paradis ; soit nous leur donnons seulement des clefs, parfois des passe-partout, et c'est à eux de trouver leur bonne porte.

❧ 26 ❧

Éclipse de lune
éclaire les lacunes

L'éclipse de lune se produit lorsque la Terre, s'im-misçant entre le Soleil et la Lune, masque la lumière de l'étoile et projette de l'ombre sur son satellite.

En amour, la lune de miel correspond au stade où les deux tourtereaux sont sur un nuage ; ils se contentent de vivre d'amour et d'eau fraîche, se réchauffant au feu de leur passion. L'éclipse de cette lune de miel survient quand les interrogations bassement matérielles font irruption dans la relation. On se pose la question de l'enfant, de vivre ensemble, de présenter le partenaire aux parents… Ce retour sur Terre a vite fait de jeter de l'ombre sur cette période idéalisée de la vie de couple. On s'aperçoit alors que l'autre, l'amour de sa vie, n'est pas aussi parfait qu'on voulait le croire ; il a aussi des manques, des défauts. Après cette amère redescente sur le plancher des vaches, le feu de l'amour n'est plus aussi brillant et éclatant que dans les premiers jours.

Dans cette phase de désenchantement, les amoureux en arrivent souvent à conclure que quelque chose ne va pas entre eux, qu'ils se sont trompés sur leurs sentiments. Ils pourront décider de se séparer et repartiront en quête de l'âme sœur, puisque cette personne n'était manifestement pas la bonne. Et, dans la plupart des cas, ils revivront un amour idyllique et une nouvelle lune de miel qui, au bout de quelques mois, passera par le même genre d'éclipse.

Cette étape d'illusion amoureuse peut être comparée à la période de fusion que l'enfant vit avec sa mère, à la naissance. Lui aussi baigne dans une relation de complétude, dans laquelle nombre de psys voient la trace de notre quête insatiable et intemporelle du Paradis. Cette première phase est fondamentale et nécessaire, car elle donne à l'enfant une sécurité affective qui lui permettra, plus tard, d'affronter la réalité du monde avec ses aspérités, mais elle peut devenir néfaste si elle s'installe trop dans le temps. Dans ce dernier cas, l'enfant se coupera peu à peu du monde extérieur, devenu trop angoissant et dangereux pour lui, et il s'enfermera dans son monde. Un monde illusoire où il restera un éternel enfant qui aura toujours besoin d'une personne, d'un hôpital ou de toute autre institution qui tiendra le rôle de maman.

Quand l'éclipse obscurcit la lumière aveuglante de l'amour, c'est un sevrage, une étape difficile mais cruciale qui fait mûrir la relation.

Enfant trop sage,
mauvais présage

On a l'habitude de réprimander les enfants trop tur-
bulents, qui se font remarquer par leur comportement
contestataire ou bruyant, mais on ne se préoccupe pas
assez des enfants trop sages. Après tout, l'enfance est
turbulente par nature, alors que la sagesse serait plutôt
la marque d'un âge avancé.

Il faut toujours s'inquiéter des enfants qui sont devenus adultes trop tôt, qui ont vieilli trop tôt. Raisonnables
dans leur tête, infantiles dans leur cœur, avec parfois
un QI élevé, quotient intellectuel inversement propor-
tionnel à leur quotient émotionnel. Ces enfants « sages
comme une image » font le bonheur des profs, des parents et de l'entourage, mais aussi des …psys, qui les
recevront quelques années plus tard dans leurs cabinets,
lorsque ces enfants devenus grands, en théorie, auront
bien du mal à vivre dans un monde d'adultes pas sages
du tout.

❧ 28 ❧

Entre Mars et Vénus, la Terre

Depuis la nuit des temps, de nombreux peuples ont associé la planète Vénus à l'amour et à la féminité, et Mars à la guerre et à la masculinité. Des récentes recherches scientifiques semblent confirmer cette ancienne intuition. Les femmes et les hommes ne parleraient pas la même langue, comme s'ils venaient de planètes distinctes.

Dès lors, certains auteurs en ont conclu que cette différence de nature expliquerait les difficultés intemporelles des couples. Mais seulement des couples hétérosexuels. Car si l'on suit cette idée trop évidente pour un psy, les couples homosexuels devraient logiquement filer le parfait amour. Or il n'en est bien sûr rien ; ils sont plus ou moins confrontés aux mêmes soucis. Depuis qu'Adam et Eve ont mis une feuille de vigne pour cacher leur nudité, la différence sexuelle est devenue une question de psychologie et de société plus que de biologie.

Entre Mars et Vénus il y a la Terre et, vivant sur la même planète, hommes et femmes partagent avant tout une ressemblance de culture. Si la vie de couple est tellement compliquée, c'est que l'amour n'est pas simple. Qu'on soit homme ou femme, on peut croire naïvement que ce sont les qualités d'une personne qui nous attirent vers elle. C'est oublier qu'avant cette rencontre, nous avons eu d'autres relations, qui ont pu laisser des traces, et que nous avons tous commencé par tomber amoureux de nos parents. À des degrés divers, en positif ou en négatif, mais suffisamment pour que cela oriente à notre insu nos futurs choix amoureux. De plus, nous demandons souvent à notre partenaire de décrocher la Lune, de combler nos manques et nos faiblesses, quand ce n'est pas de guérir nos blessures passées.

Dès lors, chacun attend de l'autre qu'il soit autre chose que ce qu'il est, et c'est là qu'il faut chercher nos difficultés de couple plutôt que dans nos supposés gènes extra-terrestres.

❧ 29 ❧

Entre plus et moins,
le courant passe bien

Si vous observez une pile, la batterie de votre portable ou n'importe quelle prise électrique, vous constaterez qu'elles sont toutes constituées de deux pôles : le plus et le moins, entre lesquels se déplace le courant électrique.

On retrouve le même principe bipolaire à la base de notre énergie affective. Nous avons tous en nous une charge négative, remplie de nos manques, frustrations, peurs et autres défauts, qui est en même temps le moteur qui nous incite à nous dépasser, à changer, à aimer un être humain ou à réaliser une œuvre, charges positives qui sont censées combler ce manque de départ.

Mais le but à peine atteint, ce dernier produit de nouveaux manques et frustrations qui, à leur tour, alimenteront de nouvelles tensions qui nous pousseront vers un nouvel objectif positif... Et ainsi de suite, sans fin, faisant circuler le courant de la vie.

❧ 30 ❧

Faire le mort,
l'ennemi endort

Quand un animal est face à un prédateur, il peut adopter plusieurs stratégies pour tenter de sauver sa peau. La plus simple, c'est la fuite. La plus courageuse et la plus risquée, c'est l'affrontement, pour blesser, tuer ou effrayer l'ennemi. Et puis il y a une troisième stratégie, plus rusée, qui consiste à simuler la mort pour pousser l'attaquant à arrêter le combat, voire à chercher ailleurs une autre proie. Quand on n'a pas assez d'énergie pour fuir ou attaquer, c'est parfois la seule issue viable.

On retrouve cette dernière stratégie de protection chez des personnes qui paraissent mortes et qui se meuvent dans la vie tels des fantômes ou des zombies. Elles ne ressentent rien, ne désirent plus rien. Elles sont mortes de l'intérieur et, pourtant, elles restent toujours en vie, ne cherchant pas forcément à mourir. La question, dès lors, est de savoir contre quoi elles utilisent cette stratégie défensive.

Il peut y avoir deux hypothèses principales. Ces individus ont vécu dans le passé une souffrance qu'ils ne veulent pas revivre. « Si je n'aime personne et que je ne laisse personne m'aimer, je ne serais plus blessé. » Ou alors, ils sont trop faibles pour affronter les risques d'échec inhérents à toute relation humaine et à tout projet de réussite personnelle. « Si je n'espère rien, je ne perdrai rien. » Le négatif, l'échec, la souffrance sont toujours plus faciles à contrôler et à maîtriser que le positif, la réussite, le plaisir. Mais, à la longue, aucun risque, c'est risqué.

∂ 31 ∂

Feu rouge
reste inflexible

Le feu rouge ne passe pas au vert sous prétexte qu'un conducteur souffre d'un mal de dents ou d'une séparation amoureuse. Sinon, il mettrait la vie de cette personne en danger.

Un enfant handicapé, malade ou traversant une passe difficile peut provoquer chez ses parents de la pitié ou de la culpabilité. Ils penseront qu'il n'est pas utile d'en rajouter et ils ne lui imposeront pas les mêmes contraintes et interdits qu'à ses frères et sœurs, estimant que la souffrance lui donne droit à un régime particulier. C'est un mauvais service à lui rendre.

Si l'enfant expérimente qu'être mal permet d'obtenir la satisfaction de ses désirs, il risque d'utiliser cette stratégie à l'avenir, dès qu'il trouvera un obstacle sur sa route. Malheureusement pour lui, tout le monde ne sera pas aussi conciliant que ses parents et certains murs resteront de marbre devant ses larmes. Et alors, il peut se faire vraiment mal.

❧ 32 ❧

Film de sang
ne tache pas l'écran

Quand on regarde un film violent, on constate, une fois le film terminé, que l'écran n'est pas taché de sang pour autant. Il ne viendrait à l'esprit de personne de confondre le film et l'écran. Et c'est pourtant ce que nous faisons sans cesse dans nos relations.

Untel me dit « égoïste », « agressif », « pas sympa » ou « incapable », et ces mots négatifs peuvent me toucher au point de me blesser. Mais mon interlocuteur n'est pas un spectateur neutre et passif qui se contenterait de m'observer tel que je suis objectivement. Car c'est lui qui tient la caméra.

Nous avons tous une caméra dans la tête, mais, à la différence du cinéma, nos pellicules ne sont jamais vierges. Chacun a vécu de nombreuses histoires qui vont influencer les relations futures. Avant de faire une nouvelle rencontre, on a déjà des scénarios tout prêts sur les personnes sympathiques, les antipathiques, sur comment quelqu'un de bien devrait se comporter, etc. Sans parler de toutes les théories servies à longueur de journée dans les médias : les femmes sont comme ceci, les hommes sont comme cela, un couple heureux vit comme ceci, un enfant épanoui comme cela, le bonheur c'est par ici, l'amour c'est par là...

L'autre ne me regarde pas avec ses yeux, il ne m'écoute pas avec ses oreilles, mais il me voit, m'entend et me ressent avec sa tête, son cœur, ses tripes, son passé, ses échecs et ses réussites, ses attentes, ses peurs, ses manques, ses doutes et ses certitudes, ses préférences, ses valeurs, ses vérités, ses illusions... bref avec tout ce qui fait le film de sa vie. L'image que l'autre se fait de moi est toujours un mélange de ce que je suis et de ce qu'il est, à des degrés divers.

Si nous prenions conscience de ce phénomène, nous serions moins atteints par toutes ces phrases et ces images négatives que les autres projettent sur nous. Tout le monde se fait des films ; la vie est à ce prix. Car ce film nous sert aussi de pellicule protectrice, comme la membrane qui entoure chaque cellule vivante. Cette peau biologique est un filtre qui sépare l'intérieur de l'extérieur. Elle laisse passer les informations utiles pour l'organisme et ignore volontairement celles qui ne lui paraissent pas pertinentes.

Pour voir les autres tels qu'ils sont et le monde tel qu'il est, il faudrait enlever cette membrane, qui nous sert de film protecteur, et ne plus filtrer ce qui vient de l'extérieur, afin de tout voir, tout entendre. Il faudrait être mort.

La vie, c'est vraiment du cinéma !

❧ 33 ❧

Flèche sans cible
vise l'impossible

Pour pouvoir parvenir à un but dans l'existence, encore faut-il en avoir un, qui soit le plus clair et précis possible, sinon la tâche est aussi inaccessible que d'atteindre avec sa flèche une cible floue ou invisible. Bon nombre de personnes ont du mal à définir précisément ce qu'elles veulent dans la vie et s'étonnent de ne pas arriver à l'obtenir. Si on les questionne avec attention, on remarque qu'elles visent la plupart du temps une cible qui est en fait une anti-cible, genre : je ne veux plus souffrir et être malheureux, je ne veux plus avoir peur des autres, je ne veux plus être faible, je ne veux plus avoir une image négative de moi, etc. Mais se concentrer sur l'idée de ne pas tirer sur ses pieds aidera-t-il l'archer à toucher l'oiseau qui vole au-dessus de sa tête ? Peu probable.

D'autres ont bien un début d'idée, mais la cible reste vague et floue. Exemples classiques : je veux être heureux, je veux aller mieux, je veux réussir dans la vie, je veux rencontrer le grand amour, etc. Là encore, le chalenge revient à vouloir toucher le centre d'une cible à cinq cents mètres les yeux bandés. Tout le monde n'est pas Maître zen de kyudo... Pour les uns, la réussite et le bonheur seront synonymes de biens matériels, de voyages, pour d'autres de reconnaissance sociale, pour d'autres encore de découverte spirituelle, amoureuse, philosophique, et ainsi de suite.

Alors, comment rendre la cible la plus visible possible ?

Chaque fois qu'une cible comporte une négation, comme dans « je ne veux plus », essayez de la remplacer par une affirmation. « Je ne veux plus souffrir de ma solitude » deviendra, pour Lucien, « je vais reprendre contact avec d'anciennes connaissances, m'inscrire à un club de gym et à des cours de théâtre pour rencontrer de nouvelles personnes ». « Je ne veux plus déprimer », pour Marie, se transformera en « je vais me remettre au sport, essayer de manger diététique, dormir et me lever à des heures régulières, et si dans un mois ça ne va pas mieux, je vais voir un psy ou un médecin pour me faire aider ».

Pour éclaircir une cible floue, qui comporte des expressions vagues telles « être bien », « être mieux », « bonheur », « amour », etc., faites comme si vous étiez au cinéma. Le film qui passe à l'écran est celui de votre réussite, de votre vie qui nage dans le bonheur. Que voyez-vous précisément ? Que faites-vous de particulier que vous ne faites pas aujourd'hui ? Où habitez-vous ? Avec qui ? Quel est votre travail, vos activités ?

Qui sont les personnes de votre entourage ? À quoi passez-vous vos moments de temps libre ? Quels sont vos nouveaux hobbys et passions ? Comment êtes-vous physiquement ? Qu'est-ce que les autres disent de vous ?…

Parmi toutes ces choses que vous voyez dans ce film futuriste, quelles sont celles que vous pouvez commencer à mettre en œuvre dès maintenant ? Pas demain ni après-demain, ni le jour où… non, aujourd'hui. Si la cible est dans l'avenir, la flèche part du présent.

❧ 34 ❧

Fleurs éternelles
poussent au cimetière

Il ne viendrait à l'esprit de personne d'offrir à l'amour de sa vie une rose en plastique. On offre plus facilement ces fleurs-là aux défunts. Les fleurs éternelles qui poussent dans les cimetières se moquent de leurs cousines qui s'épanouissent dans les jardins, car elles les trouvent bien imparfaites à leurs yeux. Si fragiles, si éphémères, et qui finissent mangées par des vers de terre. Mais les fleurs éternelles pleurent des larmes de pierre, quand elles découvrent qu'une seule petite chose leur manque : ce parfum délicat qui s'appelle la vie.

100 % est le chiffre de la perfection. Mais, comme les fleurs de cimetière l'ont appris à leurs dépens, cent pour-cent manque de sang. En mathématique psy, le maximum tournerait plutôt autour de 90 %. La zone rouge qui dépasse ces quatre-vingt-dix pour-cent est celle où la vie perd sa souplesse et se rigidifie, jusqu'à devenir aussi ordonnée et parfaite qu'une statue de

marbre ou un diamant. Certes, un diamant est éternel, dit-on. Mais, si vous le plantez en terre, il n'en sortira jamais rien.

Votre chaussette a un trou ? Vous avez un bouton sur la joue ? Vous attendiez quelqu'un et personne n'est au rendez-vous ? Vous venez de prendre une ride, un cheveu blanc ? On a égratigné votre voiture ? Vous espériez le soleil et il se met à pleuvoir ? Vous avez envie de pleurer ?… Rassurez-vous. C'est le signe manifeste que vous êtes encore en vie et que vous n'avez pas atteint la perfection.

❧ 35 ❧

Force sans faiblesse à la fin se blesse

Imaginons un maître d'arts martiaux qui, grâce à sa technique, a le pouvoir de tuer un ennemi en deux ou trois mouvements. Un soir, en rentrant tranquillement chez lui, il tombe sur un gars musclé qui le met au défi de se battre pour lui prouver qu'il n'est pas un faible et un lâche, comme les autres. Le maître a deux stratégies possibles.

Première option, il ne veut pas apparaître faible. Il va montrer de quoi il est capable, au risque de mettre sa vie en danger ; car il se peut fort bien que monsieur Muscle soit venu avec des comparses armés jusqu'aux dents. Le maître aura préservé son image, mais peut-être perdu la vie.

Deuxième option, il accepte de donner une image de faiblesse et confirme en effet qu'il n'est qu'un lâche et que son adversaire est plus fort que lui. Dans la plu-part des cas, cette stratégie de soumission volontaire ne donne pas prise aux besoins d'affrontement de l'attaquant, qui préférera s'en prendre à une personne moins faible. Le maître aura perdu son image pour préserver sa vie, mais il sera comme la gazelle qui n'a pas honte de fuir devant le lion, comme le dit un proverbe africain.

La peur de se montrer faible est un signe de faiblesse qui un jour ou l'autre aura raison de notre prétendue force.

❧ 36 ☙

Forte espérance,
maigre expérience

Il y a quelques millions d'années, un important changement climatique s'est abattu sur nos cousins les singes. Ils avaient vécu dans une forêt qui leur avait apporté tout ce dont ils avaient eu besoin, et ils étaient désormais confrontés à un sérieux manque de ressources pour assurer leur survie. Certains se contentèrent d'espérer que la situation s'arrange et que la Nature redevienne aussi généreuse qu'auparavant. D'autres descendirent de leur arbre et partirent à l'aventure dans ce nouveau monde hostile. Il y eut beaucoup de morts dans chaque camp. Les survivants des premiers sont restés des singes ; nous sommes les descendants des seconds.

Nous aussi, nous devons régulièrement affronter des changements climatiques dans nos vies affectives et professionnelles. Comme nos ancêtres, nous avons le choix d'attendre et d'espérer que les conditions extérieures s'améliorent. Ou alors nous pouvons essayer de provoquer nous-même ce changement, en agissant sur notre quotidien dès maintenant. Les deux choix sont risqués. Dans un cas, je reste spectateur de ma vie, dans l'autre j'essaye d'en être l'acteur. Le spectateur peut toujours se plaindre que le film est mauvais, l'acteur ne peut s'en prendre qu'à lui-même s'il a mal joué.

L'espoir fait vivre, comme le dit le proverbe. Sa fonction psychologique principale est, en effet, de nous permettre de supporter la douleur d'un passé difficile à accepter ou d'un échec à venir. Mais, à la longue, un excès d'espoir, comme un excès d'antalgique, peut nous endormir et nous empêcher d'agir. Et plus je rêve ma vie, plus j'oublie de vivre mes rêves.

❧ 37 ❧

Fuite ne vient pas toujours du toit

Si une maison prend l'eau, le toit n'est pas toujours en cause. La fuite peut aussi venir des murs, des fenêtres, voire des fondations. De même, tout n'est pas psy. Je peux être angoissé, déprimé, timide, nerveux, et ces difficultés n'auront pas forcément de lien avec mon enfance, la relation à mes parents ou un traumatisme vécu auparavant.

Notre cerveau ne flotte pas dans un milieu éthéré rempli de pensées, d'images et de souvenirs. Comme le reste de notre corps, il baigne dans le sang et peut donc être influencé par ce qui circule dans notre organisme. De simples changements hormonaux, une thyroïde déréglée ou une hypersensibilité à la lumière provoqueront parfois des états dépressifs. Et un disfonctionnement biochimique pourra être à l'origine d'angoisses invalidantes. Certains naissent avec un manque ou un excès de fer, de magnésium, mais on peut aussi être porteur d'une mauvaise synthèse de telle protéine qui gère nos émotions. Des problèmes purement mécaniques peuvent produire des symptômes psychologiques.

Comment faire la différence avec des comportements d'origine psy ? Ceux qui ont une origine corporelle sont souvent là depuis la naissance. On entend souvent dire que ces individus étaient déjà peureux, timides, angoissés tout petits, différents de leurs frères et sœurs. Bien sûr, on peut être marqué très tôt par une relation pathologique avec l'entourage, mais le corps a aussi son mot à dire. Il n'y a pas que la tête, dans la vie.

❧ 38 ❧

Héros sans ennemi fait souci

Le personnage central d'un film est le héros ; sur lui repose l'intrigue principale. Il doit sauver le monde, découvrir un trésor, s'emparer du cœur de l'être aimé et, pour cela, il doit affronter des forces négatives qui contrecarrent son projet. Un grand héros s'oppose toujours, dans la scène finale, à un adversaire à sa hauteur.

Nous espérons devenir un héros et nous voulons sa gloire, sa force, son courage et ses admirateurs, mais pas ses ennemis. Nous aimerions ramener de multiples trésors, mais aucune cicatrice, et sortir vainqueurs du combat sans avoir à nous battre.

Ce qui pour la majorité d'entre nous est un souci, devient pour le héros un défi. Mais être un héros n'est pas toujours exaltant, quand justement il n'a plus d'ennemi à se mettre sous la dent. La déprime du héros, ça existe. L'absence de défi devient alors pour lui un souci, et la conduite héroïque peut se transformer en conduite à risque. Combien d'aventuriers sont morts, à vouloir toujours aller plus haut, plus loin, plus vite, plus fort ? Combien ont franchi la limite à force de la repousser ? Le plus grand ennemi du héros, celui qui finira par le terrasser, c'est lui-même.

Qui n'a pas l'âme d'un héros, ne devrait pas avoir honte de trop aimer la vie ; c'est aussi une forme de courage.

L'envie
vient
en vivant

« J'ai envie de rien. »
Cette phrase est typique des personnes qui traversent une passe difficile où elles broient du noir. Elles ne veulent plus voir personne, tout ce qui leur plaisait auparavant paraît désormais sans goût, et la vie même peut à leurs yeux perdre de son intérêt. Alors on attend que l'envie revienne. Quand elle sera de retour, on sera enfin guéri de ce cancer qui ronge le cœur et l'âme. Le problème est que cette attente équivaut à mettre la charrue avant les bœufs, enfermant la personne dans un cercle vicieux qui l'empêche de sortir de son état dépressif.

À cause d'une déception amoureuse, d'un problème grave de santé, d'un licenciement ou de tout autre incident, j'ai perdu mes lunettes roses et je me retrouve avec des lunettes noires sur le nez. Tout désormais me paraît sombre et plus rien ne me motive. Quand je porterai mes lunettes d'avant, j'apprécierai de nouveau le parfum des roses. Oui, mais comment dénicher ces lunettes, si j'ai toujours les noires sur le nez ? Pour partir à leur recherche, j'ai besoin d'un minimum d'envie, donc il faudrait que je les aie déjà trouvées. Je tourne en rond.

Quand on est blessé, on redevient comme un enfant perdu, fragile, abandonné. Pour guérir de cette maladie de l'envie, il faut retrouver des réflexes d'enfant. Un bébé qui naît se demande-t-il s'il a envie de vivre ? Il est en vie, avant d'avoir envie. Quand le verbe avoir est malade, comme dans la dépression, il faut redescendre au niveau de l'être. Respirer, manger, agir, marcher plutôt que penser.

❧ 40 ❧

L'orage
appelle la foudre

Pour voir apparaître la foudre, même dans le cas d'orages de chaleur, il faut une perturbation météorologique, signalée sur tous les baromètres par la présence d'une dépression et non d'un anticyclone.

Pour les foudres de l'amour, c'est exactement le même phénomène qui est en jeu. Il est très difficile de tomber amoureux quand tout va bien dans sa vie. Quand notre temps intérieur est au beau fixe, le coup de foudre a autant de chances de nous tomber dessus qu'une goutte de pluie par un soleil radieux.

En revanche, si l'on traverse une période de perturbations et d'instabilité – crise de couple, au travail, avec les enfants, chômage, maladie, décès, crise existentielle – bref s'il y a de l'électricité dans l'air et que notre existence est plus ou moins orageuse, alors nous sommes les parfaits candidats au coup de foudre.

❧ 41 ❧

La carte n'indique pas la route à prendre

Si vous observez en détail une carte routière ou maritime, vous verrez qu'y figurent les voies possibles, que l'on peut emprunter pour se rendre d'un point à un autre, ainsi que les obstacles à éviter, mais qu'aucune n'indique le bon chemin, celui que vous devriez prendre. Certains préféreront arriver le plus vite possible à destination, et d'autres choisiront, au contraire, de se perdre le long des chemins de traverse pour se faire surprendre par des contrées inconnues.

Beaucoup de cartes du bonheur sont disponibles dans le monde d'aujourd'hui, à travers livres, religions, philosophies, penseurs, gourous, psys, coachs et autres experts dans l'art de réussir sa vie. Si elles peuvent parfois donner des repères, quand on est déboussolé et que l'on a l'impression de ne plus savoir où se diriger, elles ont aussi leurs limites. Personne ne part, dans la vie, du même point que vous, ni ne cherche la même destination que vous, même si chacun l'appelle du même nom. Bonheur, amour, réussite, vérité, sérénité... des mots qui veulent dire la même chose : arrivée.

À la différence des cartes routières qui représentent un monde extérieur unique, le même pour tous, les cartes intérieures concernent le monde unique de chacun, jamais le même que celui du voisin. Et si le bonheur c'était justement cela, votre façon toute personnelle de voyager sur les chemins de la vie ?

❧ 42 ❧

La recette
ne fait pas
le cuisinier

Comme moi, vous avez peut-être eu un jour entre les mains la recette de cuisine d'un chef étoilé, et vous avez sûrement remarqué que suivre à la lettre ses instructions culinaires ne faisait pas de vous un chef pour autant. Il en va de même pour la psychothérapie.

Cet art de guérir possède des techniques bien codifiées, mais, comme chacun sait, la théorie est une chose et la pratique une autre. Comme le dit le proverbe : le plus ardu n'est pas de savoir faire, mais de faire. Vous pouvez ainsi consulter deux psys formés à la même école, théoriquement aussi compétents l'un que l'autre, mais vous préférerez l'un plutôt que l'autre. Pourquoi ? Parce que dans la cuisine psy, le principal ingrédient, c'est le psy lui-même !

❧ 43 ❧

Lâcher de barrage
fait des ravages

L'intérêt du barrage est de contenir une masse d'eau assez importante, la plupart du temps pour la canaliser et produire de l'énergie. Mais, s'il arrive par accident que le barrage lâche, l'eau retenue peut causer de sérieux dégâts sur son passage.

Certains individus gardent, depuis de nombreuses années, des frustrations, des rancœurs, des violences et des tensions, qu'ils contiennent derrière une enceinte épaisse et infranchissable de laquelle ne s'échappe qu'un mince filet de sentiments. L'exemple type est la personne qui souffre de troubles obsessionnels compulsifs (TOC). Les rituels sans fin créent un mur entre elle et le monde, comme un barrage derrière lequel elle peut contenir ses émotions négatives potentiellement destructrices.

On peut penser naïvement qu'il suffirait de démolir ce barrage constitué de rituels insensés pour aller mieux et guérir, mais ce n'est pas si simple. Si les vannes venaient à s'ouvrir d'un coup, ces personnes pourraient devenir dangereuses pour elles-mêmes et pour les autres, comme on peut le pressentir dans l'angoisse qu'elles traversent quand elles ne peuvent pas exécuter correctement leurs rituels.

Cela veut-il dire qu'il n'y a rien à faire ? Non. Mais au lieu d'ouvrir grandes les portes de la digue, il faudra se contenter d'un petit trou, pour laisser sortir peu à peu les émotions contenues. Quand le niveau de la pression interne aura suffisamment baissé, on pourra agrandir le trou jusqu'à ce que le barrage en béton se transforme en barrière, avec une porte que l'on aura la possibilité d'ouvrir ou de fermer, selon les circonstances.

❧ 44 ❧

Le bonheur des uns fait le malheur des autres

Il est commun de dire que « le malheur des uns fait le bonheur des autres », mais, en tant que psy, c'est le proverbe inverse qui m'intéresse.

Dans l'idéal, et sauf cas particuliers, nous voulons tous être heureux et rendre heureux les êtres que nous aimons. On peut même dire que le bonheur de nos proches fait partie de notre propre sentiment de bonheur. Tel est l'idéal, mais voici le dilemme que l'on rencontre plus souvent qu'on le voudrait : celui où notre bonheur passe par le malheur de ceux que l'on aime. Pas par plaisir de les voir souffrir, mais parce que l'on ne veut plus souffrir et que l'on n'a pas trouvé d'alternative.

On retrouve ce choix impossible dans des séparations amoureuses, mais surtout dans les relations parent-enfant, quand l'enfant devenu adulte doit quitter la maison, pour vivre sa vie avec d'autres et fonder une nouvelle famille. Choix d'autant plus culpabilisant que l'enfant est unique ou le dernier de la fratrie à prendre son envol, et que les parents restent seuls, parfois malades, l'un des deux pouvant être déjà décédé.

Dans ces situations radicales, il s'agit d'accepter que l'on ne pourra rendre heureuse qu'une seule personne en priorité. Il faut choisir laquelle. C'est comme couper le cordon ombilical une seconde fois, sauf que c'est nous qui tenons les ciseaux, à présent, et c'est l'autre au bout du cordon qui va crier.

❧ 45 ❧

Le cœur est aveugle,
la tête aussi

L'être humain se compose de trois mondes assez distincts : la tête, le cœur et le ventre. Chacun a sa propre intelligence, qui se transforme vite en aveuglement dès qu'elle quitte son domaine.

L'intelligence rationnelle est très efficace pour construire des fusées, des immeubles et des médicaments, mais elle devient vite un handicap quand elle se mêle d'amour et autres sentiments.

L'intelligence émotionnelle est irremplaçable dans nos relations amoureuses, entre amis, avec nos parents et nos enfants, et pour apprécier la beauté d'une fleur, d'un morceau de musique ou d'une œuvre d'art. Mais elle peut commettre de graves erreurs si nous l'utilisons pour réparer notre voiture ou résoudre un problème mathématique.

Quant à l'intelligence instinctive, on en parle moins mais elle nous sert toujours à assurer les fonctions de base qui commandent la survie de notre organisme biologique.

Si l'amour est aveugle, comme le dit l'expression, la raison aussi. Ou plutôt, on pourrait dire que nous avons trois yeux, un dans la tête, un dans le cœur et un dans le ventre. Chacun peut être clairvoyant dans sa sphère, mais il devient vite aveugle en dehors. Dès lors, nous sommes plutôt face à trois vérités existant sur des plans différents, qu'à une seule.

La prochaine fois que vous ne parviendrez pas à vous mettre d'accord avec votre interlocuteur, au lieu de conclure trop hâtivement que c'est vous qui avez raison et lui tort, ou l'inverse, demandez-vous plutôt si chacun voit les choses du même œil. Neuf fois sur dix, l'un parle avec sa tête et l'autre avec son cœur.

❧ 46 ❧

Le saint d'ailleurs
est le meilleur

Puisque nous vivons à une époque où le cabinet psy a largement remplacé le confessionnal des églises d'antan, je peux sans hésitation reprendre l'intemporel proverbe espagnol, qui nous dit que plus le saint vient de loin et plus il fait de miracles.

Un psy, un guérisseur, un gourou ou le dernier coach à la mode sont d'autant plus appréciés qu'ils viennent d'ailleurs. De l'Orient mystérieux qui a su garder les secrets des origines ou, pour les Européens férus de modernité, des États-Unis toujours à la pointe de l'innovation dans tous les domaines. Cette croyance nous rappelle un lointain passé où la guérison et la magie étaient pratiquées par le même chaman ou mage. Et la magie, comme les miracles, supposent un monde surnaturel rempli d'une aura de mystère aux vertus éminemment thérapeutiques.

Dès lors, on peut se demander si la vulgarisation psychologique (dont ce livre fait partie) n'a pas des effets pervers contraires à l'intention première de leurs auteurs. À trop dévoiler la théorie et la technique psy, cette dernière devient de plus en plus rationnelle et scientifique, et, par contrecoup, moins magique. Pas étonnant que nombre de personnes, aujourd'hui, cherchent les faiseurs de miracles dans des pratiques exotiques et parallèles. Un bon magicien ne dévoile jamais ses trucs, s'il veut avoir du monde à son spectacle.

❧ 47 ❧

Ligne blanche
n'est pas étanche

Pour séparer une voie d'une autre, sur la route, et assurer la sécurité, trois types de limites sont possibles : un mur, une barrière ou une ligne. On trouve un mur infranchissable dans les tunnels, où chaque voie à sens unique est séparée de l'autre par la montagne. Ce mur empêche tous les véhicules de passer de l'autre côté. Viennent ensuite la barrière de sécurité ou le muret, construits à hauteur de véhicule, et couplés parfois d'une haie d'arbustes, que l'on voit surtout sur les autoroutes. Ce type de séparation peut arrêter les voitures qui ne roulent pas trop vite, mais les camions ou les véhicules projetés à grande vitesse passeront sur l'autre voie. Et l'on peut aussi l'enjamber facilement.

Enfin la ligne blanche, elle, n'arrête rien ni personne. Tous les animaux sont arrêtés par des murs, certains le sont par de simples fils tendus et aucun ne l'est par une ligne tracée au sol. Et pourtant, partout à travers le monde, des millions d'humains s'interdisent chaque jour de la franchir.

L'éducation d'un enfant passe par ces trois étapes de l'apprentissage des limites. On commencera par lui cacher les objets défendus, puis on les enfermera dans un placard en lui disant de ne pas l'ouvrir, enfin on laissera les bonbons bien en vue tout en lui interdisant d'en prendre à tel moment de la journée. D'abord on lui enlèvera les couteaux, ensuite on lui en donnera un en plastique, enfin on lui laissera prendre le même que les grands.

L'enfant est mûr quand, d'une ligne blanche, il sait faire un mur.

❧ 48 ❧

Lion aux trousses
fait gagner la course

Face à un lion, nous pouvons essayer de le combattre et de le tuer, mais c'est assez périlleux et pour le moins compliqué. La meilleure réponse, pour sauver sa tête, reste la fuite. C'est alors que le lion commence à nous courir après et que deux voies s'offrent à nous : soit nous regardons toujours en arrière avec la peur qu'il nous mange, soit nous essayons de nous dépasser en courant plus vite que celui qui n'a pas de lion aux trousses.

Un psy n'est pas un chirurgien de l'esprit. Changer, guérir, ne consiste pas tant à tuer le lion, à effacer ou réparer le passé, mais plutôt à lui donner un autre sens, afin d'arriver à courir droit avec un pied tordu.

Long à construire, rapide à détruire

Il faut quantité de paramètres et de conditions favorables, sans parler du temps nécessaire, pour qu'une fleur, une fourmi ou un être humain se construisent et se développent harmonieusement. Si la vie est longue et complexe à mettre en place, il n'en va pas de même avec la mort, qui peut frapper facilement en un instant ; une main innocente arrache la fleur, un pied insouciant écrase la fourmi, une balle perdue tue cette personne qui sortait tranquillement du cinéma.

L'amour et le bonheur sont aussi fragiles que la vie, et eux aussi sont longs et complexes à construire. Même si un couple se rencontre sur un coup de foudre fulgurant, leur relation deviendra profonde et durable avec le temps. Il faudra de longues soirées à deux, faites de rires, de larmes, de rapprochements et d'hésitations avant que la fleur de l'amour s'épanouisse pleinement entre ces deux êtres. Un mot mal placé ou une infidélité passagère pourront faner cette fleur en quelques instants. Et il ne suffira pas d'un « pardon » ou d'un geste affectueux pour faire repousser la rose déracinée. La vie, l'amour, le bonheur sont comme une bulle de savon posée sur la pointe d'une aiguille.

❧ 50 ❧

Loup excusé,
agneau accusé

Si au Paradis le loup et l'agneau boivent en paix à la même source, il n'en va pas de même sur Terre. Si l'agneau est blessé, on s'en prendra logiquement au loup. Mais il arrive parfois, pour d'obscures raisons, que l'on trouve à ce dernier des circonstances atténuantes : son passé, sa vieillesse, sa nature, l'agneau même qui est venu le tenter. Et l'on pourra lui pardonner cet égarement passager. Le loup excusé, l'agneau s'en trouvera du même coup accusé. Car si l'agresseur est innocent, la victime est forcément coupable de ce qui lui est arrivé. Après tout, elle n'avait qu'à pas se jeter dans la gueule du loup !

Je rencontre fréquemment des individus, doux comme des agneaux, qui s'estiment coupables de leurs blessures. Ils souffrent, ils ont des problèmes, ils se sentent bons à rien, rejetés, abandonnés, nuls et, de plus, ils sont les seuls responsables de leurs malheurs. Bien sûr, il y a bien leur mère, leur père, une sœur, un frère, ou une ancienne relation amoureuse à qui ils pourraient reprocher deux, trois petites choses, mais ce n'est pas de la faute de ces derniers, parce que… S'en suit généralement une avalanche d'arguments très raisonnables et très raisonnés dont la fonction principale est de les convaincre qu'ils ne peuvent s'en prendre qu'à eux-mêmes. Ils aimeraient avoir confiance en eux, s'aimer un peu plus, mais ne haïssent personne. Ils voudraient arrêter de s'accuser de tous leurs maux, mais n'accusent personne ; ils préfèrent pardonner. Ils souhaiteraient se débarrasser du couteau qu'ils ont dans le ventre et qui empêche leur plaie de guérir, mais ne veulent blesser personne. Autant dire qu'ils demandent l'impossible.

L'innocence et la guérison de l'agneau passent par l'accusation du loup. Il n'y a pas d'alternative. Sauf au Paradis. Mais puisque nous sommes sur Terre, la victime doit utiliser ce même couteau qui l'a blessée, pour se guérir.

L'agneau ne devra pas se métamorphoser en loup, en répondant à la violence par la violence. Il s'agira d'une *vieolence* symbolique, affective, de ces choses qui sortent rarement du cabinet psy, mais qui suffisent parfois pour guérir et refermer une plaie ancienne. Bien sûr, plus cette plaie est profonde, plus cela demandera du temps et plus il faudra accuser le loup. Son image en prendra un coup et l'agneau ne pourra peut-être jamais lui pardonner. La guérison est parfois à ce prix. Au final, l'agneau retrouvera son innocence et sa confiance en osant assumer la *vieolence* provoquée par sa souffrance.

❦ 51 ❧

*Lunettes noires
ne fanent pas la rose*

Avec des lunettes noires sur le nez, le monde s'assombrit et semble avoir perdu ses couleurs. La dépression, aussi, nous fait croire que la nuit a envahi la totalité de l'existence : nous sommes nuls, personne ne s'intéresse à nous, la vie ne vaut plus la peine d'être vécue… Il est difficile de convaincre une personne dépressive que la vie est belle et que les roses sont bien toujours roses, en clair qu'elle a toujours des capacités, qu'il y a des gens qui l'aiment et que la situation peut s'améliorer. Mais pourquoi le dépressif noircit-il le tableau à ce point ?

Si je suis dans un verger prêt à cueillir une pomme et que surgit un serpent, j'ai intérêt à me préoccuper en priorité de ce dernier. À quoi me servirait la pomme dans une main, si, dans l'autre, le reptile injecte son venin ? Le serpent mort, j'aurai tout loisir de nourrir mon corps.
Concernant les deux forces fondamentales qui nous

constituent, la noire prime sur la rose. Le danger passe avant le manger, la sécurité avant le plaisir, la vie avant l'envie. Ce qui explique pourquoi nous retenons plus facilement et plus longtemps les événements négatifs que les souvenirs agréables.

Le cerveau du dépressif voit exagérément la vie en noir pour mieux concentrer son énergie à combattre le mal, généralement un événement perturbateur comme un échec ou une séparation. Quand le danger est écarté et si le niveau de la souffrance baisse suffisamment, les lunettes s'éclaircissent. La personne peut voir de nouveau le monde en couleurs. Au début, les tons seront un peu pâles, mais, petit à petit, la rose pourra retrouver son parfum et l'éclat de ses pétales.

☙ 52 ❧

Lunettes roses n'arrêtent pas le taureau

« Voir la vie en rose » est devenu la formule magique censée ouvrir toutes les portes et guérir tous nos maux, depuis que la pensée positive s'est imposée un peu partout jusqu'à devenir un argument publicitaire et même politique. Certes, il est parfois utile de voir le verre à moitié plein plutôt qu'à moitié vide, et des échecs peuvent être interprétés comme un bénéfice. Un licenciement sera l'occasion de réfléchir à une nouvelle orientation professionnelle ou à de nouveaux choix de vie, une séparation ou un divorce deviendront une claque salutaire, et même la mort d'un être cher pourra être regardée comme une crise existentielle ou spirituelle qui nous rapprochera enfin des vraies questions. Malgré l'intérêt indéniable de cette façon de voir, la positivomania n'est pas sans danger.

À trop positiver, nous risquons de croire que nous vivons dans un monde sans ombre d'où la couleur noire aurait disparu. Qui descend dans l'arène et met des lunettes roses peut s'imaginer que le taureau n'est plus noir. Mais il n'a pas changé de couleur et reste tout aussi dangereux. N'oublions pas que le taureau, lui, ne porte pas de lunettes.

❧ 53 ❧

Main ouverte pour manger, poing fermé contre danger

Notre lointain ancêtre passait ses journées à deux activités essentielles : trouver de la nourriture et se protéger des dangers. Il n'avait, au départ, que ses mains nues pour effectuer ces tâches, ouvrant la main pour cueillir une pomme ou la fermant en forme de poing pour frapper un ennemi qui voulait lui voler son bien. Puis il apprit à forger des outils, améliorant ainsi ses chances de survie. Avec une lance, il attrapait plus d'animaux et mangeait à sa faim ; avec un bouclier, il esquivait les flèches décochées par l'ennemi.

Savez-vous d'où vient ce geste universel que vous effectuez chaque jour, celui de tendre la main ouverte pour dire bonjour ? À l'origine c'était un signe pour montrer que l'on n'avait pas d'arme à la main et que l'on venait avec des intentions pacifiques.

La vie du corps et de l'esprit utilise deux systèmes qui fonctionnent un peu sur le même modèle. Le système de nutrition gère les apports de nourriture, qu'elle soit matérielle, affective, intellectuelle ou spirituelle. C'est lui qui nous pousse à manger, à aimer, à nous dépasser, à gagner de l'argent, à nous faire plaisir, à voyager, à apprendre, à comprendre, à réussir, à nous épanouir au maximum. Le système de protection, lui, nous préserve des dangers. Grâce à lui, nous pouvons éliminer un virus, nous défendre contre un ennemi, rester sur nos gardes, nous méfier, rentrer dans notre coquille, digérer un échec, nous guérir.

La lettre grecque psi, à l'image du caducée des médecins, symbolise ces deux forces fondamentales dont je parle abondamment dans cet ouvrage : un serpent rose, ouvert sur l'extérieur, qui nous remplit de positif ; un serpent noir, tourné vers l'intérieur, qui nous protège du négatif. Un bon psy devrait ainsi avoir deux casquettes, celle de médecin et celle de coach, comme dans une équipe sportive. Le premier soigne les blessures passées et restaure les aptitudes, le second optimise et perfectionne les performances futures.

❧ 54 ❧

Main unique
ne peut se guérir

Votre main droite a la faculté d'attraper un grand nombre d'objets, sauf elle-même. Et si vous n'aviez que cette main et qu'elle était de plus blessée, comment ferait-elle pour parvenir à se soigner ?

Notre cerveau se prend parfois au même piège. Il fonctionne un peu comme une main mentale qui appréhende le monde à travers les sens et la pensée. C'est également cet outil que nous utilisons quand nous souffrons et que nous voulons guérir. Nous cherchons à comprendre ce qui ne va pas pour trouver les moyens de changer. Mais que se passerait-il, si c'était justement notre façon de penser qui posait problème et qui était la cause de notre souffrance ? Le chirurgien peut-il s'opérer lui-même ? Pouvons-nous, tel le personnage légendaire du baron de Munchhaüsen, nous tirer par les cheveux pour nous sortir du trou où nous sommes tombés ? Cela paraît difficile.

Le changement, dans ce cas, est-il impossible ? Non, car, fort heureusement, il n'y a pas que notre tête qui nous permet d'apprendre. Nous pouvons essayer de nous passer de la conscience et passer directement par l'expérience corporelle. Après tout, c'est comme cela que nous avons appris à marcher et à parler.

Pas besoin de comprendre pour apprendre.

৵ 55 ৶

Maison sans murs
n'est pas sûre

Chaque fois qu'un mur se dresse sur notre chemin, nous avons tendance à n'en voir qu'un seul côté : celui qui est devant nous et qui nous empêche d'avancer. Mais tous les murs ont deux faces. Avant d'essayer de l'abattre, il n'est pas inutile de se demander à quoi sert sa face cachée. Le mur d'une maison a deux fonctions, selon que l'on se place à l'intérieur ou à l'extérieur. Il limite les déplacements et peut retenir quelqu'un prisonnier, mais il empêche aussi le froid et le voleur d'entrer. D'un côté il enlève la liberté, de l'autre il donne la sécurité.

Éduquer un enfant, c'est lui donner suffisamment de murs pour le sécuriser, puis percer dedans des ouvertures pour lui apprendre la liberté. Les portes étant taillées dans les murs et non l'inverse, la sécurité est première et la liberté ne devrait venir qu'après. Élever un enfant en lui demandant trop tôt et trop souvent quels sont ses envies et ses désirs, c'est le préparer à affronter l'hiver dans une maison sans murs. Il n'a pas forcément besoin qu'on lui apprenne la liberté, il s'en chargera bien tout seul, quand il démolira plus tard les jolis murs que l'on a construits à sa place. L'enfant pense en priorité à satisfaire son désir, il ne faut donc pas compter sur lui pour s'imposer des contraintes, c'est à nous de le faire. Il nous en voudra de l'emprisonner ; nous pourrons le supporter en sachant que c'est pour sa sécurité.

L'esprit se comporte parfois comme un enfant capricieux qui ne supporte pas les limites du corps. Se sentant à l'étroit dans cette prison de chair, il rêve d'en abattre les murs pour atteindre la liberté absolue. Heureusement pour nous, notre esprit n'est pas si puissant qu'il le croit, car s'il arrivait à mener à bien ce projet, il atteindrait du même coup l'insécurité absolue : la mort.

❧ 56 ❧

Mal résiste parfois aux mots

La vulgarisation de la psychologie dans les médias et les guides de bien-être a distillé l'idée passe-partout qu'il fallait « mettre des mots sur les maux ». À travers groupes de parole, lieux d'écoute, psy-shows et autres thérapies du verbe, on nous incite à dire notre mal à une oreille empathique et bienveillante, pour guérir de ces maux qui nous remuent les entrailles. La parole est ainsi devenue le nouveau credo, pour ne pas dire l'Évangile, de toute une mouvance psy-quelque-chose qui en a fait son pain béni. Il suffit de parler, et la messe est dite, le miracle accompli. Mais l'humain est plus complexe qu'on le voudrait.

Il est certes utile d'exprimer ses sentiments d'abandon, de rejet, et les violences dont on a été l'objet, afin de pendre conscience que c'est la cause de nos difficultés dans la vie. Mais cela ne suffira pas forcément pour se reconstruire et ne plus en souffrir. Parfois même, cette tâche sera impossible, quand la souffrance est trop profonde (comme dans certaines maltraitances infantiles ou pour la perte d'un enfant par suicide).

Le pouvoir de la parole est limité, car la vie, elle, ne parle pas. Elle utilise son propre langage qui reste parfois sourd à nos prières. Dans ce cas, il ne s'agira plus de guérir le mal par des mots, mais de supporter ce mal en l'accompagnant de mots. Le porter avec soi. Jusqu'au bout.

❦ 57 ❧

Mauvaise clé
ouvre bonne porte

On pourrait comparer la vie au parcours d'un labyrinthe comportant des portes fermées qu'il faut ouvrir pour continuer d'avancer. Face à ces obstacles, il y a deux stratégies : celle de la clé et celle de la serrure.

Ceux qui choisissent la première veulent analyser la serrure afin de connaître la bonne clé, celle qui ouvrira cette porte qui leur barre le chemin. Cette démarche demande évidemment du temps, mais la vérité est à ce prix. Ceux qui préfèrent la seconde voie ne s'encombrent pas d'une telle recherche. Si le but est d'ouvrir la porte, alors il n'est pas nécessaire d'avoir la bonne clé pour être efficace. Une épingle à cheveux ou un passe-partout feront l'affaire.

La voie de la clé aide à comprendre le passé ; celle de la serrure à changer l'avenir. La première s'intéresse au pourquoi et aux questions, la seconde au comment et aux réponses. L'une change d'abord notre façon de penser, l'autre notre façon de marcher.

Mensonge d'enfant forge les dents

Le premier signe d'autonomie d'un enfant n'est pas forcément la marche, la parole ou le contrôle de ses sphincters, mais le mensonge.
— C'est toi qui as pris des bonbons dans la boîte ? demande la mère.
— Non.
L'enfant menteur constate à cet instant décisif que sa pensée lui appartient et que les autres ne peuvent pas lire en lui comme dans un livre ouvert.

Avant le mensonge, l'enfant était comme transparent par rapport à son entourage. Avec le mensonge, il commence à se différencier de l'extérieur et peut enfin s'opposer en disant non à ses parents, pour se dire oui à lui-même. Il découvre alors une opacité qui façonnera à la longue son identité.
Le mensonge permet également à l'enfant de ne pas être trop gentil, surtout avec ceux qu'il aime, se forgeant

ainsi des « dents » psychologiques qui lui serviront, une fois grand, à se protéger et à s'affirmer. Ce qui ne veut pas dire, bien sûr, qu'il sera obligé de mentir jusqu'à la fin de ses jours. Si les choses évoluent normalement, le besoin de mentir s'estompe à mesure que l'enfant gagne en assurance. Il pourra utiliser d'autres moyens d'affirmation de sa différence et de son identité, à travers ses choix de vie, de valeurs, d'idées, par la réalisation et la réussite personnelle, etc. Le mensonge restera comme une bouée de secours, en cas de danger, lorsqu'il ne trouvera pas d'autre solution pour échapper à l'emprise de l'extérieur.

Mensonge qui fait vivre vaut mieux que vérité qui tue.

❧ 59 ❧

Mieux vaut funambule
que balance

Il y a deux formes d'équilibre, celui de la balance et celui du funambule. La balance est en équilibre, au repos, lorsque le poids d'un plateau est égal au poids de l'autre. Le funambule reste en équilibre sur son fil en faisant varier constamment la position du balancier, penchant alternativement de gauche et de droite.

L'une est immobile, l'autre avance en bougeant.

L'une est comme un lac, l'autre comme l'océan.

L'une est un diamant, l'autre la respiration d'un enfant.

❧ 60 ❧

Morsure de serpent
fait craindre la corde

Ce proverbe persan est d'une grande finesse psychologique, car il donne la définition d'un terme clé de la
pratique psy : le transfert ; une notion fondamentale à
la base de la plupart des souffrances de l'âme.

Le principe est le même que dans le proverbe : on a
souffert dans le passé d'un événement précis – la mor-
sure du serpent – et la charge affective de ce traumatisme est déplacée, transférée dans le présent sur une
autre situation souffrante, qui a des analogies avec la
précédente – la forme de la corde qui renvoie à celle du
reptile. Il y a transfert quand on a une phobie des cordes, par exemple, une peur apparemment irrationnelle,
liée en réalité au serpent passé. Le problème n'est donc
pas la corde, mais le serpent qui se cache derrière.

Dès lors, il ne suffira pas de raisonner un phobique
en lui montrant que les cordes ne sont pas dangereuses

ou bien de l'habituer peu à peu à leur présence pour le guérir. Il faudra surtout faire un transfert inverse en déplaçant la souffrance présente vers le passé pour tenter de guérir la blessure d'origine.

Quand on a été mordu par un serpent, la tâche est assez aisée. Les choses deviennent bien plus compliquées quand ce serpent s'appelle « papa » ou « maman ». Il faudra alors transformer le poison d'origine en potion, travail alchimique qui n'est autre que l'objet de la thérapie.

∞ 61 ∞

Moule brûle plus que gâteau

J'ai participé, il y a quelques années, à une marche sur le feu lors d'un séminaire de développement personnel. Cette expérience n'a duré qu'une dizaine de secondes, le temps que je parcoure pieds nus quelques mètres, sur un tapis de braises à plus de six cents degrés ! Je n'avais pas fait d'exercice particulier ni pris aucune drogue, et je ne possède aucun pouvoir surnaturel. Je n'ai pas été brûlé, parce que le bois utilisé conduit très peu la chaleur, à l'inverse de celui qui sert pour se chauffer. Il suffit de marcher d'un pas alerte en faisant attention à ne pas se coincer des braises entre les doigts de pied. C'est donc théoriquement sans danger, mais je vous déconseille fortement de tenter l'expérience lors de votre prochain barbecue !

On retrouve ce phénomène avec la cuisson d'un gâteau au four. Le moule, le gâteau et l'air du four seront rapidement à la même température, disons deux cents degrés. Si vous mettez la main à l'intérieur, quelques secondes, au contact de l'air, vous ne vous brûlerez pas. Si vous touchez le gâteau, ça chauffera un peu plus. Et si vous posez un doigt sur le moule en métal (ce qui est à éviter), la brûlure sera au rendez-vous. La température est la même dans les trois cas, mais les résultats sur votre main seront bien différents, parce que le métal est un meilleur conducteur de chaleur que le gâteau ou l'air.

De même, l'être humain sera plus ou moins conductif, selon l'épaisseur de couche isolante qu'il parviendra à mettre entre lui et le monde. Cette couche est une sorte de seconde peau psychologique qui retiendra ou laissera passer la charge négative d'un événement ; comme les vêtements maintiennent le corps à une température constante, malgré les variations climatiques.

La personne conductive aura tendance à penser que, si son partenaire l'a laissée, plus personne ne s'intéressera à elle ; si elle a perdu cet emploi, c'est qu'elle n'est bonne à rien ; et si sa mère est morte, alors la vie ne vaut plus la peine d'être vécue. À l'opposé, la personne peu conductive – ou résistive – saura se protéger de l'impact de cet incident en laissant le négatif à l'extérieur. Si l'autre est parti, c'est lui qui n'en valait pas la peine ; si elle a été licenciée, c'est que les conditions économiques n'étaient pas favorables ; et si son père est décédé, c'est mieux ainsi car il était déjà vieux et souffrait trop. Comment épaissir cette seconde peau, pour moins laisser passer les charges négatives ? En se frottant et se cognant contre le monde.

∂ 62 ∿

Musique dit
plus que paroles

La communication entre deux êtres humains ressemble un peu à une chanson. Il y a d'un côté les paroles, et de l'autre la musique. Nous avons l'habitude d'écouter les premières, et nous oublions trop souvent de faire cas de la seconde.

Les paroles, c'est ce qui est dit, les mots qui sortent de la bouche : « je t'aime », « va-t'en ». La musique, c'est tout le reste, ce qui n'apparaît pas dans le texte de la chanson, mais qui en dit bien souvent plus long. C'est aussi bien le ton du discours, que la posture, l'expression du visage et du corps tout entier ; un tremblement de voix ou des mains, un sourire ou une grimace, un regard fuyant ou des yeux pétillants. Et puis il y a aussi le contexte de l'échange. Le message n'est pas forcément le même s'il n'y a que deux interlocuteurs ou des témoins, si ça se passe au bureau ou en famille, à un mariage ou à un enterrement, avant ou après l'amour.

Souvent la musique et les paroles sont en accord, mais parfois on sent une discordance entre ces deux niveaux du langage. Par exemple Michaël qui serre sa partenaire contre lui en lui disant « je t'aime », mais le contact des paumes sur son corps donne à sa femme l'impression qu'il touche un objet sans intérêt. S'il dit « je t'aime » avec sa bouche, il est manifeste pour elle qu'il ne le dit pas avec ses mains. Léa, à l'opposé, dira qu'elle ne ressent rien pour cet homme qui vient de lui faire des avances, mais tout dans son attitude et même le ton de sa voix lui prouvera au contraire qu'elle est émue par ce qui est en train de se passer.

Mais alors à quoi faut-il se fier ? La musique, bien sûr, le corps étant bien plus difficile à contrôler et à manipuler que le discours. Vous voulez vraiment entendre l'autre ? N'écoutez que d'une oreille ce qu'il dit, et de l'autre percevez comment il le dit.

☙ 63 ❧

Nécessité
surpasse volonté

Dans une course, tous veulent arriver premiers, mais un seul décrochera les lauriers.

Le pouvoir de la volonté, comme la pensée positive, fait partie de ces pilules miracles qui aimeraient nous faire croire que toutes les clés sont en nous. Il suffirait de vouloir pour pouvoir, selon l'expression consacrée. Partant de ce postulat, les perdants ne peuvent s'en prendre qu'à eux-mêmes. Illustrons cette vision un peu simpliste, avec l'exemple de ceux qui veulent s'arrêter de fumer. On pourrait penser que la volonté devrait suffire à régler le problème, dans la plupart des cas. Or, que constate-t-on ? Que seul un tiers y arrivent, quelle que soit la méthode employée. Mais si par malheur le prix du tabac augmente au-delà d'un seuil psychologique, ceux qui avaient tout tenté jusque-là, sans résultats, s'arrêtent du jour au lendemain. Pas pour une histoire de volonté, mais de nécessité.

Changer, ce n'est pas seulement vouloir se débarrasser d'un comportement négatif, sinon tout le monde changerait à volonté et je serais au chômage. Changer, c'est surtout faire un saut dans l'inconnu en acceptant de perdre les avantages de cette conduite négative qui dérange. Changer, comme soigner une carie, ça fait d'abord plus de mal que de bien. Et personne ne dit qu'il veut aller chez le dentiste. On dit plutôt : « *il faut* que j'aille chez le dentiste ».

Nouvelles fleurs
ne changent pas l'eau

J'ai dans mon bureau un vase dans lequel je mets des fleurs chaque semaine, après avoir pris soin de jeter les anciennes. Et je dois aussi changer l'eau, sinon le nouveau bouquet fanera trop tôt.

Si je suis très attaché au vieux bouquet fané, j'aurais du mal à m'en séparer, sauf si j'en trouve un nouveau qui me consolera de la perte de l'ancien. En attendant, je laisserai l'autre dans le pot, quitte à garder les deux un moment pour que le passage de l'un à l'autre se fasse plus doucement. Je peux aussi ne plus accorder de valeur à ce bouquet de fleurs, et n'avoir aucune peine à le jeter au moindre pétale fané. Mais si je ne supporte pas de voir le vase vide, je m'arrangerai pour que le changement de bouquet soit rapide. Et j'oublierai sûrement de changer l'eau.

En amour aussi, un couple chasse l'autre, et il est bien

rare que l'on prenne le temps de bien finir une relation amoureuse avant d'en entamer une autre. Comme cela, on sent moins le manque et la solitude. Mais cette stratégie d'évitement a un prix : le nouveau couple risque d'être contaminé par l'ancien.

❧ 65 ❧

Pas de pain
sans pièce

Quand nous allons acheter le pain, le boulanger ne donne la baguette que lorsque nous lui avons donné la pièce. Nous avons besoin de cet aliment, et lui a besoin de notre argent pour se nourrir aussi. C'est une relation d'échange, donnant-donnant. Parfois le boulanger semble donner son pain pour rien, comme à ce clochard qui vient lui quémander un quignon chaque soir. Le don n'est qu'apparent, le boulanger se payant avec l'habit du mendiant, tout heureux d'avoir accompli une bonne action.

Dans le cas des nourritures affectives, la pièce est souvent visible, et la relation se construit sur l'échange, mais elle peut être moins perceptible, comme dans les relations de type parent-enfant, que l'on retrouve aussi en amitié ou en couple. Celui qui est en position de parent semble faire don de sa personne, sans rien attendre en retour. Mais, comme pour le boulanger et le mendiant, c'est oublier un peu trop vite que chacun se nourrit différemment. Si l'un a besoin de recevoir et se nourrit de ce que lui donne le parent, l'autre a besoin de donner et se nourrit de ce que reçoit l'enfant. Il n'y a là nul sacrifice, mais un système d'échange donnant-recevant.

❧ 66 ☙

Petits pas,
grand voyage

Que l'on fasse un voyage de dix, cent ou mille kilomètres, il commence toujours par un pas, qui en entraîne un autre, puis un autre... et ainsi de suite jusqu'à parvenir à destination. Ce simple pas de départ peut paraître bien petit, si l'on considère l'immense tâche à parcourir, mais, à ma connaissance, il n'y a pas d'autre façon d'avancer dans la vie que d'enchaîner un pas derrière l'autre.

Le voyage qui mène à la guérison psychologique est souvent long, comparé aux petits changements qu'il sera possible de faire dans les premiers temps de la thérapie. Mais ces derniers feront boule de neige jusqu'à se rapprocher de plus en plus du mieux-être recherché. Vouloir effectuer un pas de géant pour atteindre immédiatement l'objectif désiré, est le plus sûr moyen de se casser la figure, car nous ne sommes pas des dieux, mais seulement des humains. Le changement, comme la croissance d'une plante, demandent du temps. Et ce n'est pas en tirant sur la tige d'une fleur qu'elle poussera plus vite.

Plaisir sans effort
ne rend pas plus fort

Le randonneur, qui grimpe pendant des heures le long de chemins tortueux pour profiter d'une vue splendide au sommet de la montagne, aura une satisfaction bien différente de celui qui pose sa voiture sur la plage et passe sa journée allongé, tranquille, à se faire bronzer. De même, une médaille d'or qui récompense le gagnant d'une course difficile aura une tout autre valeur si n'importe qui peut l'acheter au bazar du coin.

À partir de ces exemples, on peut dire que, dans la vie, il y a deux types de plaisir : celui qui est l'aboutissement d'un effort et celui qui est l'évitement d'un effort.

On retrouve ce dilemme dans la différence entre toxicomanie et dopage. Cette dernière pratique se rencontre bien sûr dans le sport, mais aussi dans des domaines comme le cinéma, la musique, la mode, la pub et chez beaucoup de cadres de haut niveau, bref partout où la règle numéro un est de toujours être « au top ». Les adeptes de ces béquilles chimiques cherchent à atteindre le même résultat : se procurer du plaisir. Mais chez le dopé, le plaisir différé est l'aboutissement qui couronne la performance de ses efforts. Alors que le plaisir immédiat du toxico vise au contraire l'absence d'effort.

Si le dopé gagne, il dit « je suis bon » ; si le drogué plane, il dit « le produit était bon ». Le dopage stimule l'action sur l'extérieur, la toxicomanie incite à se couper de l'extérieur. La course nous améliore, le trip nous laisse en manque. Le plaisir de l'effort stimule nos forces de vie et nous rend plus fort, le plaisir sans effort nous affaiblit et nous rapproche de la mort. Le premier pas du sevrage, c'est déjà de transformer la toxicomanie en dopage.

Plus haut vers la cime, plus bas les racines

Un simple plant de blé développe, sous terre, des racines qui dépassent en longueur la tige qui pousse en surface. Et plus une plante montera haut vers le ciel, plus les racines seront nombreuses à s'enfoncer loin dans le sol.

L'art d'atteindre les sommets de la vie consiste à marcher la tête dans les étoiles et les pieds au ras des pâquerettes.

⁂ 69 ⁂

Poison donne potion

Passé l'automne, la feuille pourrit et, après traitement dans le sol par des micro-organismes, peut servir de nutriment à l'arbre.

L'être humain, lui, se nourrit de relations, d'expériences, d'idées et de projets qui peuvent s'arrêter, mourir, tomber, et par la suite empoisonner sa vie au point de le rendre malade. On peut voir ces échecs, ces séparations, ces pertes, comme des événements négatifs, ou, comme l'arbre avec ses feuilles, on peut tenter de s'en nourrir pour continuer à grandir. Tel le venin du serpent, qui peut soigner des maladies après des manipulations en laboratoire, nous rappelant au passage que les mots poison et potion ont la même origine.

C'est la voie choisie par celui qui sait tirer parti de chaque expérience, bonne ou mauvaise. Au lieu de se dire qu'il a fait une erreur ou qu'il a perdu un bien inestimable, il se souvient que pour apprendre à écrire il a été obligé de faire des fautes d'orthographe. Il essaiera, dès lors, de transformer le venin de cette situation difficile, en philtre d'amour pour apprécier encore plus la vie et lui-même.

❧ 70 ❧

Poule
ne respire pas
pour poussin

Il est habituel de décrire l'amour maternel, tel celui d'une poule pour son poussin ou d'une mère pour son enfant, comme un sacrifice, le don par excellence, l'archétype de l'altruisme le plus pur, à l'opposé de ces sentiments bassement égoïstes qui entachent le reste de nos relations. Même si les actes quotidiens de la poule sont tournés essentiellement vers le bien-être de sa progéniture, elle respire pour elle, mange pour elle. Elle vit pour elle, même si sa vie est au service de son poussin. Qui n'est d'ailleurs pas n'importe quel poussin, mais le sien, dévoilant, là encore, que sous les beaux oripeaux d'un acte purement désintéressé se cache l'instinct de possession le plus naturel qui soit.

On pourrait faire la même remarque concernant le sacrifice pour une noble cause. On donne son temps, son corps, parfois sa vie, mais c'est, là encore, pour défendre, affirmer et faire triompher ses idées, ses valeurs, sa vérité, son Dieu… encore des pronoms possessifs qui signent la présence d'un égoïste « pour soi » commun à tous les organismes vivants, humains compris.

Qui ne sait pas être égoïste ne sait pas donner.

Poussin chasse coq

Le poussin à peine né, malgré sa faiblesse, n'a pas de mal à prendre la place du coq aux yeux de la mère poule.

Depuis que les hommes s'intéressent d'un peu plus près à la grossesse de leur compagne, l'accouchement est un grand moment de bonheur pour tous. Viennent ensuite les premières nuits blanches et les concessions sur les sorties et les moments de liberté, puis, au bout de plusieurs semaines, un autre rythme s'installe et le train-train quotidien reprend du service. Il y a désormais trois personnes à la maison – le couple de parents plus un nouveau-né, qui deviendra naturellement le centre de préoccupation du foyer. C'est à cette période que le père peut avoir l'impression que deux individus ont été perdus en cours de route : les amants.

En mathématique psy, deux plus un égale cinq.

Beaucoup confondent couple de parents et couple d'amants, confusion qui se fait presque toujours au détriment de ce dernier. D'où les relations extraconjugales qui démarrent habituellement avec l'arrivée du premier enfant. Déjà, durant la grossesse, l'amant, qui ne deviendra père qu'après l'accouchement, peut se sentir délaissé sexuellement par sa compagne qui, elle, se vit déjà mère. Ce malaise se poursuit pendant les premiers mois de la vie du bébé qui réclame toute l'attention des soins maternels. Comme si sexualité et maternité étaient incompatibles et que l'enfant éclipsait les amants.

L'amant pourra supporter la distance sexuelle en investissant davantage sa relation de père, et la mère pourra redevenir amante en mettant parfois au second plan les besoins de l'enfant. Par la suite, l'enfant grandissant, se réserver des soirées et même des week-ends en amoureux sera le terreau d'une relation à cinq durable.

Et toujours se demander, en cas de couple en difficulté :

— Où sont passés les amants ?

❧ 72 ❧

Qui mange,
tue

Il y a très, très longtemps, notre ancêtre qui vivait dans les grottes a dû inventer le premier véritable outil avec lequel il allait définitivement perdre ses derniers poils de singe. Il tailla un silex et fabriqua ce que l'on appelle communément un couteau. Il ne l'utilisa pas tout de suite pour se raser la barbe ou les jambes, mais en premier lieu pour manger. Avec cet ustensile, il était désormais capable de découper la viande et autres aliments impossibles à sectionner avec ses mains ou ses dents, un peu comme nous le faisons encore aujourd'hui.

Mais il comprit très vite qu'il avait entre les mains une arme avec laquelle il pouvait aussi tuer. Soit un animal, pour se nourrir ou se défendre, mais aussi un ennemi humain. Autre tradition toujours vivace à notre époque. Enfin, cet outil a vite trouvé une troisième fonction, que perpétue le médecin avec son bistouri, le tranchant du silex pouvant servir à entailler la peau pour guérir un malade.

Il ne viendrait à l'esprit de personne d'interdire tous les couteaux sous prétexte qu'ils peuvent aussi servir à tuer. Et pourtant, n'est-ce pas ce que nous faisons avec la violence ? On oppose souvent la vie et la violence, mais une vie sans violence n'aurait plus les moyens ni de se nourrir ni de se guérir. C'est pour cela que je distingue violence et *vieolence*. Une seule lettre de différence, pour séparer une violence nuisible d'une autre nécessaire à la vie.

La *vieolence* qui nourrit, nous l'utilisons à chaque repas. En effet, que l'on soit végétarien ou non, on ne peut pas manger autre chose que des organismes vivants, pour pouvoir continuer à vivre. A priori, une simple salade, un poulet ou un grain de riz ont autant le droit de vivre que nous, mais nous n'avons pas le choix, car la vie se nourrit de la vie.

La *vieolence* qui guérit, le chirurgien l'applique chaque jour. La guérison psy ne se fait pas non plus avec des fleurs. Comme je le dis souvent à mes patients, je ne suis pas là pour leur faire plaisir, ni passer un agréable moment, mais je suis payé pour les aider. Certaines blessures profondes nécessiteront l'utilisation de la *vieolence*. Il ne s'agira nullement d'appliquer l'antique loi du talion, mais de réveiller, chez la personne qui souffre, sa force d'affirmation et de vie jusqu'alors endormie. Vivre est une lutte constante contre les forces de mort. Et pour lutter, mieux vaut être armé. Une arme à triple tranchant que savent manier peu de gens.

Qui ne recule pas, avance

Nous vivons à une époque où l'idéal partagé est de monter sans cesse plus haut. On peut toujours gagner plus d'argent, être en meilleure santé, être plus reconnu, avoir plus de responsabilités, connaître plus de choses, de gens, de pays, courir plus vite, plus loin… Non seulement on peut, mais il le faut, car, « qui n'avance pas, recule », si l'on suit le proverbe dont j'ai voulu prendre le contre-pied.

En fait, ce programme de « toujours plus » est surtout valable durant la première moitié de la vie, qui ressemble à l'ascension d'une montagne. Durant la deuxième moitié, après la si bien nommée « crise du milieu de vie », il faudra descendre sur l'autre versant. Et en descente, aussi, on avance. On ne sera pas aussi séduisant et en bonne santé qu'à vingt ans, on aura parfois du mal à abattre le même travail qu'un jeune diplômé, et la mémoire ainsi que nos jambes répondront moins facilement à nos sollicitations.

Au début, avancer consiste à faire un pas en avant pour acquérir quelque chose de plus. Plus tard, avancer signifiera conserver au mieux ces acquis afin de ne pas reculer.

❧ 74 ❧

Qui peut prévoir le temps,
peut prédire les gens

Que l'on soit paysan, marin ou simple quidam, peu de monde échappe à la grand-messe de la prévision météo qui ouvre ou conclut le journal télévisé un peu partout à travers le globe. Chacun a pu constater, par sa propre expérience, combien les prévisions officielles avaient du mal à être justes, au-delà de trois jours, alors qu'elles se basent sur les calculs sophistiqués des ordinateurs les plus puissants au monde. Et même pour le lendemain, il n'est pas rare qu'un beau temps annoncé soit en fait un déluge.

Et pourtant, les paramètres à analyser sont assez simples, comparés au fonctionnement du cerveau humain dont le nombre de connexions possibles est plus important que la quantité d'atomes de tout l'Univers. Sans compter la somme des expériences vécues, qui sont bien plus difficiles à mettre dans une machine que la force des vents ou la pression atmosphérique.

Certaines personnes croient savoir qui vous êtes, comme vous allez vous comporter dans telle situation et, surtout, prétendent connaître le chemin que vous devriez emprunter pour atteindre le bonheur. Dommage qu'elles ne puissent pas aussi prédire la météo…

Qui sauve un serpent s'en repent

Ce proverbe nous vient de la nuit des temps. On le retrouve déjà dans une fable du grec Ésope, cinq cents ans avant Jésus-Christ, parabole reprise par La Fontaine deux millénaires plus tard. L'histoire nous raconte les mésaventures d'un laboureur, qui croit faire une bonne action en réchauffant un serpent gelé et qui, en guise de remerciements, se fait piquer par ce dernier.

On peut rencontrer des situations similaires dans les relations affectives et professionnelles, quand l'un subit le harcèlement moral ou la violence physique de l'autre, et que la victime se sent des dons de sauveur au lieu de se protéger de l'agresseur. Son bourreau devient alors, à ses yeux, un animal blessé aux abois qu'elle seule peut arriver à changer, parfois contre l'accord du principal intéressé. Et il arrive généralement ce qui doit arriver, à savoir qu'au lieu de gratitude, le bourreau redouble de violence envers la victime qui voulait le sauver.

L'utilisation de la violence, physique ou verbale, comme moyen d'existence et de relation aux autres, sert la plupart du temps à masquer une faiblesse intérieure et un manque de confiance en soi. Aider une personne violente qui ne l'a pas demandé, c'est la démasquer, puisque seuls les gens faibles ont besoin d'aide, c'est donc la rendre encore plus faible et la mettre en danger, ce qui augmente sa violence. Comment sortir de ce cercle vicieux ? En faisant exactement l'inverse. Valoriser l'autre au lieu de l'aider, mettre en avant sa force et non sa faiblesse, afin qu'il soit plus en confiance et prenne de l'assurance, et qu'il ait dès lors moins besoin de s'affirmer à l'aide de la violence. Si le venin du serpent lui sert à tuer pour manger, n'oublions pas qu'il l'utilise surtout contre le danger.

❧ 76 ❧

Qui va loin
oublie les cailloux du chemin

Dans toutes les parties du monde, il existe des proverbes qui disent en substance ceci : les cailloux font partie du chemin et aucun chemin fleuri ne conduit au bonheur. Il nous faudra, nous aussi, affronter échecs, doutes, frustrations, pertes, séparations, maladies, décès... Mais puisque les cailloux sont partout, où que nous allions, la question, dès lors, est de savoir quelle stratégie adopter pour moins les sentir.

À partir de ce point de vue, on peut constater que la taille des cailloux dépend largement de la distance que l'on veut parcourir. Plus elle est longue, et plus, en proportion, un même caillou semblera petit. À l'inverse, plus elle est courte et plus il paraîtra lourd et imposant.

Quand nous avons un projet grandiose et inaccessible, qui va nous occuper le reste de notre existence, nous sommes moins sujets aux aléas de la vie, alors qu'avec des objectifs plus réalistes nous collerons davantage au réel et nous sentirons plus la dureté de l'existence.

Plus notre regard est fixé sur la ligne d'horizon, moins aux cailloux nous prêtons attention.

❧ 77 ❧

Qui veut nager,
les livres doit lâcher

Qui se jette à l'eau avec des livres de natation à la main risque, non seulement de ne pas apprendre à nager, mais, plus grave, de couler par le fond s'il ne lâche pas ces manuels. Les livres peuvent être utiles pour connaître quelques idées générales, qui servent avant tout à rassurer celui qui a peur de plonger. Mais ils sont plus efficaces pour construire des voitures ou des immeubles, que pour construire sa vie. On apprend à marcher en marchant, à nager en nageant et à vivre en vivant.

Les manuels pratiques ont envahi notre vie quotidienne, et certains pensent sincèrement que, grâce à ces recettes, ils apprendront à aimer, à éduquer un enfant, à connaître la vérité et à être tout simplement heureux. Mais manger la recette ne nourrit pas. L'amour, la vérité ou le bonheur ne sont pas dans les livres. Dans aucun livre. Pourquoi ? Parce qu'aucun de ces livres ne parle de vous.

Ils parlent bien de la mer, mais pas de celle où vous devez nager. Ils parlent bien de l'amour, mais pas des êtres qui vous aiment et que vous aimez. Ils indiquent bien des chemins, mais pas celui sur lequel vous marchez. Ils parlent bien de bonheur, mais pas de votre bonheur. Alors, puisqu'il n'existe pas de livre sur votre vie, il ne vous reste plus qu'à l'écrire. En vivant.

Qui sait vivre en sait déjà beaucoup.

ꙮ 78 ꙮ

Qui veut tenir la barre
doit larguer les amarres

Un bateau amarré au port est plus en sécurité que s'il voguait librement en haute mer, aux prises avec les éléments. Mais qui veut prendre la barre pour atteindre l'Île au Trésor, doit lâcher les amarres qui le retiennent au quai.

C'est un peu la question qui se pose à ceux qui sont dans une passe critique où ils doivent choisir entre la sécurité d'une vie passée et la liberté à venir d'un saut dans l'inconnu. Comme ces jeunes qui traversent la si bien nommée « crise d'adolescence », et qui oscillent entre la sécurité infantile qui les tire en arrière et la liberté d'une vie d'adulte qui les pousse en avant. Mais on retrouve également ces moments charnières quand on hésite à quitter un emploi ou une relation amoureuse qui ne convient pas.

La liberté a un prix, bien plus élevé qu'on le croit : la

sécurité. D'où le nombre de personnes qui refusent de grandir et d'aller de l'avant, s'accrochant désespérément à leur passé comme à une bouée de sauvetage. Elles n'ont pas assez confiance en elles et dans le monde pour s'aventurer en haute mer, loin de leur port d'attache.

❧ 79 ☙

Qui vit,
chie

Quel que soit l'organisme vivant qui peuple cette planète – bactérie, plante, animal, humain – les restes de ce qui est incorporé dans le corps doivent être évacués, sous peine de mort par auto-intoxication. Cette loi s'applique non seulement aux aliments terrestres, mais aussi aux nourritures affectives, intellectuelles, spirituelles.

Nous savons ainsi nous nourrir de l'autre, nous remplir de ses bienfaits, mais nous avons plus de mal à évacuer régulièrement les déchets d'une relation. La méconnaissance de cette hygiène affective apparaît avec acuité dans nos difficultés manifestes à gérer les pertes et les séparations. Idem pour les nourritures abstraites, comme les savoirs ou les croyances. Il nous faudrait aussi trier, éliminer fréquemment, afin de ne pas scléroser notre pensée et de pouvoir rester ouverts au changement et à la nouveauté.

Toute maison ou appartement possède un lieu spécifique afin que chacun puisse évacuer les résidus toxiques des repas. Il serait utile d'instaurer un rituel similaire pour les autres types de nourritures que nous venons d'évoquer. Je propose souvent à mes patients de « faire d'une pierre deux coups », et de profiter de ces instants où ils vont faire leurs besoins, comme on le dit si bien, pour se nettoyer aussi mentalement et affectivement.

On peut, à cet effet, s'acheter un cahier, si possible d'une couleur particulière en lien avec l'objectif (certains ont une préférence pour la couleur noire des émotions négatives, d'autres pour le rouge du sang et de la colère, etc.) On pourra même lui donner un nom, genre, « cahier poubelle », ou « cahier de mes emmerdes » pour être plus explicite. Puis, il faudra choisir le moment du rituel. J'ai une prédilection pour le soir, juste avant le coucher.

Enfermez-vous une dernière fois dans les toilettes, faites ce que vous avez à faire, comme d'habitude, et profitez-en pour jeter sur le papier toutes les émotions négatives de cette journée qui vient de s'écouler, que ce soit les griefs envers X ou Y, ou toute autre pensée qui vous préoccupe. Ne réfléchissez pas trop, écrivez comme ça vient, avec votre cœur et vos tripes plutôt qu'avec votre tête. Ne relisez pas tant que vous n'avez pas fini, et pas la peine de corriger : le langage, la grammaire et le style de vos émotions ne sont pas les mêmes que ceux de votre raison. Enfin, déchirez le tout, jetez-le dans le pot commun et tirez la chasse.

Il peut être utile d'appliquer cette hygiène affective aux proches disparus, qui sont morts avant que nous ayons pu leur dire ce que nous avions au fond du cœur. Après avoir fait le même exercice que précédemment, nous pouvons brûler la lettre, mettre les cendres dans un pot de fleurs et déposer le tout sur la tombe. Une façon de chasser les fantômes qui hantent nos jours et nos nuits, pour être en paix avec les morts.

❧ 80 ❧

Rose fanée
ne se change pas en vin

— On reste amis.
Combien de couples se sont quittés sur ces belles paroles ? Beaucoup, sans doute. Et combien d'ex-amants sont devenus effectivement amis ? Très peu. Car la rose fanée de l'amour ne se change pas facilement en vin de l'amitié.

Une amitié peut parfois se transformer en relation amoureuse. On est d'abord deux parfaits inconnus, puis on vit des moments plus intimes et enfin, avec le rapprochement final des corps, on devient amants. Faire le mouvement inverse est bien plus délicat. À cause de la sexualité, d'abord. On peut tout partager, ou presque, avec un très bon ami : les mêmes voyages, les mêmes secrets, les mêmes passions, parfois la même maison, mais pas le même lit. Ou alors ça ne s'appelle plus de l'amitié. Le passé, aussi, peut être un handicap. S'il est assez aisé d'ajouter de nouvelles qualités, quand une relation évolue de l'amitié à l'amour, il est plus difficile d'effacer les souffrances, les frustrations, les folles nuits d'amour, le goût amer qui reste dans la bouche après la séparation… Comment devenir amis quand il y a tout ça entre les deux ex-amants ? Compliqué.

En fait, ce soi-disant projet amical révèle, la plupart du temps, une difficulté à accepter la séparation. Si l'on questionne les deux partenaires sur leurs véritables sentiments, ils admettront bien souvent qu'ils sont encore amoureux, même s'ils ont du mal à se l'avouer.

Alors que faire ? Laisser l'amitié de côté et parler plutôt d'une ex-relation amoureuse. C'est vrai que ce « ex » fait mal, car il évoque un bonheur perdu. Mais n'est-ce pas la réalité ? C'est donc par là qu'il faut commencer. Ont-ils envie de continuer ensemble ? Si c'est non, leur relation s'arrête là et elle ne peut pas être remplacée par une autre. (Le couple de parents, c'est encore autre chose.) Si c'est oui, ils devront opter pour la continuité dans le changement et tenter de repartir sur de nouvelles bases.

❧ 81 ❧

Soleil
reste pareil

Tout le monde vit dans un monde où le soleil se lève et se couche. Donc, nous nageons tous dans l'illusion, car nous savons bien, tout en l'oubliant volontairement, que ce n'est pas le soleil qui bouge, mais la Terre. Dès lors, pourquoi continuer dans l'erreur ? Parce que c'est plus utile pour vivre.

Chacun pourra expérimenter qu'il vaut mieux jouer la carte du soleil qui se lève et se couche, pour des raisons purement pratiques, que l'inverse. Comment vivre sereinement en se persuadant à longueur de journée que c'est nous qui bougeons et non le soleil ? Nous risquons d'avoir de sérieux problèmes d'orientation et de déplacement, sans parler du reste.

Les plus efficaces dans la vie ne sont pas forcément ceux qui sont objectifs et se voient tels qu'ils sont. Ils ont plutôt tendance à s'estimer légèrement au-dessus de leurs véritables capacités. Loin d'être invalidante, cette illusion bénéfique leur permet au contraire de se lancer des défis et de se dépasser sans cesse, ce que des personnes trop réalistes ont plus de mal à faire.

Vivre sans illusions est une forme d'illusion.

❧ 82 ❦

Sortir par l'entrée
éloigne la sortie

« Je ne vois pas le bout du tunnel.
— De quel bout parlez-vous ? Celui de l'entrée ? ou
celui de la sortie ? »

Cette question est moins anodine qu'il n'y paraît, car
il est très difficile de voir la sortie du tunnel si on lui
tourne le dos, autrement dit si l'on garde le regard fixé
vers le bout par lequel on est entré.

Qui est entré dans un tunnel noir dont il ne voit
plus le bout, ressasse et rumine les événements tragi-
ques qui l'ont conduit là, avec le vain espoir de pouvoir
revenir en arrière et reprendre la vie comme elle était
auparavant. Tant que l'on espère sortir par l'entrée, on
n'est pas près de voir la sortie. Le jour où l'on accepte
de perdre ce passé et de ne plus regarder derrière, mais
de se tourner vers l'avenir, ce jour-là une petite lumière
apparaît au bout du tunnel.

❧ 83 ❧

Sous le pont,
le vide

Tous les ponts partagent les mêmes caractéristiques : ils permettent de relier deux terres fermes qui seraient difficilement joignables autrement – comme quand ils enjambent une rivière, une autoroute, ou une vallée à haute altitude – et ils sont construits au-dessus du vide.

Dans la vie, nous traversons de nombreux moments où notre route s'arrête et nous nous retrouvons face à un vide. Ce peut être suite à un décès, un licenciement, une séparation, l'annonce d'une maladie, un accident… bref, chaque fois qu'un événement particulier provoque une rupture dans la continuité de notre existence.

Les sociétés du passé, et celles qui vivent encore de nos jours selon leurs coutumes ancestrales, avaient l'habitude de marquer les ruptures de la vie en instaurant des « rites de passage » qui permettaient, comme leur nom l'indique, de passer d'un ordre stable à un autre, que ce soit à l'occasion d'une naissance, d'un mariage ou d'un enterrement, d'un changement de saison ou de chef, ou du délicat passage de l'enfance à l'âge adulte. En l'absence de ces rites structurants dans nos sociétés développées, il nous faudra construire ce pont de nos propres mains, ou avec l'aide d'un psy.

Un des noms que l'on donne à ce type de ponts est le mot deuil, que l'on retrouve dans l'expression « faire son deuil ». On a la même impression que lorsque l'on est sur un pont : on quitte un passé marqué par la souffrance, du moins on essaie, et l'on se dirige vers un avenir que l'on imagine meilleur, quand l'incident perturbateur à l'origine de la rupture sera digéré et intégré. Mais il faudra cheminer pendant quelque temps dans cet entre-deux pas très facile à vivre : nous ne sommes plus comme avant, mais nous ne sommes pas encore totalement différents, comme l'ado qui vit longtemps avec une double identité d'enfant et d'adulte. Autant dire que nous perdons nos repères et que nous ne savons plus très bien qui nous sommes. D'où ce sentiment de vide, d'incertitude qui montre que l'on est dans un passage, une transition.

Vous avez peur du vide ? Ne regardez pas en bas, où vous mettez les pieds, mais là où vous voulez aller. Et n'oubliez pas que l'on ne vit pas sur un pont, il est seulement là pour passer. De l'autre côté.

❧ 84 ❧

Tel chemin,
tel cheval

Dans les chemins de campagne, j'enfourche mon vélo ; en ville, je prends le métro ; sur l'autoroute, je préfère ma moto ; sur l'eau, je loue un bateau.
Quand le chemin change, il faut savoir changer de véhicule.

Ce principe s'applique à nos relations, notre travail, nos projets. Les copains de maternelle ressemblent peu aux amis que l'on fréquente quarante ans plus tard, les amours d'adolescence nous mènent rarement jusqu'à la retraite, et même nos parents n'ont pas du tout la même importance au début de notre vie qu'après. Un projet professionnel peut nous combler à un moment donné de notre parcours et nous lasser quelques années après. Tout cela parce que nous aussi nous changeons, de valeurs, d'idées, de doutes, de certitudes, d'envies, de priorités…

Le problème est que l'on s'attache à sa voiture, sa moto, son vélo, comme à son partenaire, sa mère, son chien, ses enfants, son boulot... et l'on oublie que l'important est avant tout de savoir sur quels chemins ils nous permettent de voyager.

❧ 85 ❧

Telle lumière, telle ombre

Si vous arrivez à lire actuellement ces lignes, vous n'êtes pas dans le noir total. Et s'il y a de la lumière, qu'elle soit solaire ou électrique, elle doit projeter de l'ombre sur le livre, vos mains et l'environnement qui vous entoure.

Notre pensée fonctionne un peu sur le même modèle. Elle éclaire le monde et nous permet de mieux le voir et le comprendre. Nous avons aussi dans la tête quantité de modèles idéaux sur ce que nous devrions être, sur ce que le monde et les autres devraient être. Et c'est à l'aune de cette lumière que nous évaluons nos expériences. Plus l'écart entre notre vécu et nos projections sera important, plus nous aurons un jugement négatif, pouvant même aller jusqu'à conclure que notre vie ne vaut rien, qu'elle n'a pas de sens.

Certaines personnes suicidaires trouvent leur existence tellement noire qu'elles sont prêtes à éteindre la flamme de vie qui brûle en elles. Elles croient que c'est leur vie qui est sombre, alors que ce sont leurs projections mentales idéalisées qui sont trop éblouissantes. Plus la lumière est intense, plus l'ombre est dense. Si elles se comparaient moins à une image parfaite et inaccessible, elles se trouveraient moins de défauts. Si elles n'avaient pas une attente aussi élevée de leur partenaire, elles seraient moins déçues par leur vie de couple. Si elles ne confondaient pas le monde avec le Paradis, elles penseraient moins que leur vie est un Enfer.

L'ombre vous dérange ? Baissez la lumière. Vous serez moins aveuglé et vous y verrez plus clair.

❧ 86 ❧

Tête en l'air,
cul par terre

À trop marcher la tête en l'air, on peut finir le cul par terre, faute d'avoir vu la peau de banane ou le trou sous les pieds. Mais vivre la tête dans les nuages peut aussi présenter des avantages. On sent moins les cailloux sur le chemin et la bouse de vache ne nous importune plus avec son parfum.

Les individus qui ont souvent l'esprit ailleurs se plaignent de ne pas arriver à se concentrer, d'être angoissés dans les soirées, de se sentir coupés de leur corps et d'être désincarnés. Ils aimeraient revenir sur Terre et pensent que c'est une décision salutaire. Est-ce si évident ? Pas sûr. Pensons à la légende de l'autruche réputée pour mettre naïvement la tête dans le sable afin de se protéger d'un danger. Notre tête ayant une fâcheuse tendance à se détacher du monde au lieu d'y adhérer, c'est au ciel et non sous terre que nous irons nous cacher pour échapper à une réalité trop dangereuse.

On retrouve ce comportement défensif chez les personnes qui ont vécu un choc psychologique et se sont trouvées à terre, comme dans des attentats, des guerres ou de graves violences familiales. Le principe est le même que dans la perte de conscience : l'esprit se coupe de la réalité corporelle pour moins sentir la douleur. Par la suite, la personne conserve cette stratégie de protection, de peur d'être confrontée de nouveau à un danger similaire. On comprend, dès lors, que redescendre des nuages ne soit pas une tâche aisée. Car il faudra revivre le traumatisme à l'origine de cette dissociation entre l'esprit et le corps, puis ressentir plus intensément la dureté du monde. Ce qu'on gagne en lucidité, on le perd en tranquillité.

❧ 87 ❧

Toi + moi
= trois

Si vous prenez une botte et une pantoufle, ou deux bottes de pointure différente, ou deux pantoufles de pied droit, cela ne fera pas une paire. Pour qu'il y ait paire, les deux chaussures doivent avoir une relation particulière entre elles, qu'elles aient certaines différences et certaines similitudes. De même, un facteur et une boulangère ne font pas obligatoirement un couple, sauf s'ils entretiennent un certain type de relation.

La mathématique psy diffère sur bien des points des formules et autres histoires de robinets qui fuient, que nous avons apprises sur le banc de l'école. Si dans l'univers rationnel et concret, un plus un font bien deux, dans le monde affectif, cela fait trois. Ainsi, dans le couple, par exemple. Il n'est pas rare qu'une relation de travail ou d'amitié se transforme, avec le temps, en relation amoureuse. On a bien les deux mêmes personnes, dans chaque cas, mais qui pourrait dire qu'il s'agit de la même relation qu'au début ?

À partir de cette équation de l'amour, on peut déduire que les couples les plus épanouis ne sont pas forcément ceux qui partagent tout. Avoir son jardin secret ou une activité personnelle en dehors du temps du couple sont souvent les garants d'une relation amoureuse fructueuse. On pourrait en dire autant de l'espace d'habitation. S'il est assez courant dans une famille que chaque enfant ait sa chambre, il est beaucoup plus rare que chaque parent ait une pièce à lui, un espace propre qui soit différent de celui du couple. Or cet espace privé est souvent vital pour pouvoir respirer et se retrouver seul chez soi, quand c'est nécessaire.

Les couples qui se séparent et se remettent ensemble, méconnaissent bien souvent cette mathématique amoureuse, oubliant de compter jusqu'à trois. Ils croient naïvement que leur couple n'a pas changé, puisque les deux personnes qui le composent sont les mêmes, et ils pensent qu'il suffira de reprendre les choses au point où ils les avaient laissées. Et les voilà partis pour de nouvelles illusions et une nouvelle séparation.

Une autre erreur classique, quand le couple va mal, est de penser, tout aussi logiquement, que c'est l'un des deux partenaires qui en est la cause et donc qu'il devrait changer. Et c'est ainsi que, depuis des temps immémoriaux, l'huile et l'eau s'accusent de bien des maux.

Alors la prochaine fois où votre interlocuteur vous demandera :

— C'est toi ou c'est moi, qui cloche ?

Vous pourrez lui répondre :
— Ni l'un ni l'autre. C'est notre relation qui ne va pas. Toi plus moi égale trois.

❧ 88 ❧

Toutes les voies
mènent à soi

Ce proverbe est le pendant du célébrissime « tous les chemins mènent à Rome ». Que l'on cherche la Rome céleste ou terrestre, l'idée centrale est qu'il n'y en a qu'une, unique, vers laquelle convergent les divers humains.

Chacun passe ainsi une bonne partie de sa vie à chercher le bon chemin : l'homme ou la femme de sa vie, le bon métier, les bons amis, le bon style de vie, les vraies vérités à cultiver et les vraies erreurs qu'il faudrait éviter. Quand on pense l'avoir trouvé, on dit que l'on est heureux, et, dès que l'on s'en écarte, on parle de souffrance et d'échec.

Le proverbe psy soutient l'idée inverse : c'est chaque être humain qui est unique et les voies, les vérités qui se proposent à lui, qui sont multiples. À l'opposé de la marche vers Rome, il ne s'agit pas de s'oublier pour atteindre un but extérieur, mais au contraire de passer par des chemins extérieurs pour se trouver.

Au lieu de se centrer sur le chemin, le voyage ou la destination, la voie psy met au centre le marcheur, le voyageur. Qu'il aille au Nord, au Sud, à l'Est, à l'Ouest ou qu'il reste planté au milieu du carrefour, l'expérience qu'il vivra fera partie de son chemin.

Trop arroser
noie le rosier

Une mère ou un père qui refuserait de nourrir son enfant, tout comme un jardinier qui n'arroserait pas ses fleurs, serait, à juste titre, étiqueté comme mauvais. Mais suffit-il de donner pour être un bon parent ? Non. Encore faut-il donner à bon escient. Gaver l'enfant comme une oie, même s'il n'a pas faim, ne lui donnera pas forcément une meilleure santé.

On retrouve le même phénomène dans les nourritures affectives. Au-delà d'un certain seuil, trop d'amour tue l'amour, trop d'eau noie les haricots. À force de remplir l'autre de notre désir, nous lui volons son propre désir. Il n'a plus l'espace ni le loisir de dire ce qu'il veut, puisqu'il l'a déjà obtenu avant de l'avoir demandé. Nous croyons bien faire en lui évitant de ressentir le manque, mais on le dépossède alors de son autonomie et de son identité.

Trop donner, c'est voler.

Dans la littérature psy, on parle de « parents suffisamment bons ». Le mot le plus important dans cette expression n'est pas « bon », mais « suffisamment ». On pourrait aussi dire que l'idéal éducatif serait d'être un « parent suffisamment mauvais », ce qui revient strictement au même, car ne pas être trop bon, c'est être suffisamment mauvais.

La différence entre « suffisamment » et « trop », est la même qu'entre un bon vivant qui aime bien boire et manger à l'occasion, et une personnalité boulimique ou alcoolique. Dans ce dernier cas, on cherche à combler un vide, dans l'autre on laisse un espace vide qui permet de respirer.

Il y a deux façons de rendre un enfant fou : en ne l'aimant pas assez ou en l'aimant trop.

Trop d'indications, moult complications

Quand je me rends à l'étranger, dans une grande ville cosmopolite, il arrive toujours un moment où je me perds dans le dédale des ruelles. Et j'observe régulièrement le même phénomène : plus je demande mon chemin à divers passants et plus j'ai des chances d'avoir des avis différents, surtout si je cherche une destination peu familière. Si ce constat est vrai sur les routes classiques, il l'est encore plus sur les chemins de la vie

Avant, c'était simple, la voie était claire. Il suffisait de suivre celle que nos parents et leurs ancêtres avaient suivie et tracée pour nous. Aujourd'hui, à une époque où experts et manuels de bien-être pullulent sur nos écrans et dans nos librairies, il n'y a plus une voie, mais des multiples, aussi bien au Ciel que sur Terre. Ces guides de chair ou de papier sont censé combler le manque de repères d'une société qui s'est éloignée de la tradition et qui a perdu ses valeurs religieuses, morales, philosophiques. Mais plusieurs guides sérieux n'indiqueront pas forcément la même direction pour atteindre le Bonheur, l'Amour, la Vérité, Dieu… et que sais-je encore. Dès lors, bon nombre de personnes ne savent plus à quel saint se vouer.

J'ai ainsi suivi une femme qui hésitait entre son mari et un homme rencontré sur son lieu de travail quelque temps auparavant. Elle avait déjà consulté des spécialistes : son médecin, sa voyante, son guide spirituel, quelques auteurs médiatiques de best-sellers sur les couples, et même son coiffeur qui était l'un de ses confidents attitrés. Et voilà qu'elle me demandait mon avis personnel sur …les conseils des autres. Comme il fallait s'y attendre, les uns lui avaient préconisé de rester avec son mari, d'autres de tenter l'aventure, elle avait même eu droit au classique « la réponse est en vous », ce qui, loin de l'aider, l'avait encore plus plongée dans la confusion, elle qui a toujours eu peur de prendre des décisions par elle-même. J'étais pris au piège. Si j'émettais un avis, cela ne ferait qu'embrouiller encore plus le tableau et si je ne disais rien, cela ne l'aiderait pas non plus pour autant. J'ai donc pris l'option de lui dire que je ne pouvais pas l'éclairer sur le meilleur parti à prendre, mais que je pouvais l'aider à mieux anticiper et accepter les risques inhérents à toute décision.

✷ 91 ✷

Trop d'ordre
fait désordre

Il y a souvent un rapport étroit entre l'arrangement de notre lieu d'habitation et le degré d'ordre qui règne dans notre tête. L'exemple type est l'adolescent, dont l'état catastrophique de la chambre désespère les parents les mieux armés. On peut y voir de la mauvaise volonté ou de la paresse, mais leur conduite est bien plus souvent liée à l'état de leur esprit, chamboulé à cette période de la vie où l'on se sent adulte et enfant en même temps, sans parler des transformations physiques de la puberté, qui déstabilisent l'identité du jeune. Quand l'ado a les idées plus claires, il se met généralement à mettre de l'ordre dans ses affaires.

Un autre cas emblématique est le comportement des maniaques de la propreté et du rangement. Comme ils ne supportent pas que chaque chose ne soit pas à sa place, ils vérifieront plus d'une fois que les objets sont bien alignés selon une géométrie mystérieuse. Ce que l'on appelle plus communément les TOC (troubles obsessionnels compulsifs). Ces personnes ont très fréquemment le même type de manie avec leurs pensées. Elles se répèteront intérieurement des formules kabbalistiques ou des mantras exotiques, qui peuvent être, en fait, la suite des cinq premiers noms mémorisés sur leur téléphone, leur numéro inversé de carte bleue, ou toute autre série, qui paraissent bien farfelues à celui qui n'est pas aux prises avec cette souffrance. Car c'est bien de souffrance qu'il s'agit.

À l'opposé des ados, les individus qui souffrent de ces troubles ont besoin de maintenir un excès d'ordre à l'extérieur pour contenir et canaliser des pensées qui font désordre à l'intérieur. Ce pourra être des pulsions sexuelles difficiles à assouvir ou des sentiments de haine envers un proche, ce qui provoque une très forte culpabilité. Quand ces pensées sont acceptées comme justes – ni bonnes ni mauvaises, seulement justes – et que la personne peut laisser un minimum de désordre s'installer dans son esprit, alors les TOC peuvent s'amenuiser jusqu'à parfois disparaître complètement.

Si trop de désordre fait tache, combattre l'excès d'ordre est une plus lourde tâche.

➷ 92 ➶

Trop de pression, dépression

L'image que j'utilise le plus souvent pour parler de la dépression, quand j'interviens en public, est celle de la cocotte-minute. L'élément important de ces autocuiseurs, qui bien avant l'invasion des micro-ondes permettaient une cuisson ultra rapide, est le petit bouchon qui tourne pour évacuer la pression générée par l'augmentation de la température intérieure. Les manuels fournis avec ces appareils nous mettent en garde contre un mauvais fonctionnement de cette soupape de sécurité, qui empêcherait la pression de s'évacuer normalement et provoquerait l'explosion du couvercle, transformant alors une innocente marmite en bombe d'appartement.

Le mot pression signifie « exercer une force sur ». Sur l'extérieur, comme dans répression, expression ou mettre la pression. Sur l'intérieur, quand on parle d'impression, d'oppression ou de la trop célèbre dépression.

La vie humaine est ainsi soumise à une pression provenant de nos contraintes extérieures, du stress au travail, de nos relations, des différents dangers et problèmes que nous devons affronter. Dès lors, comme pour la cocotte-minute, la question importante est de savoir quels mécanismes d'expression chacun utilise pour évacuer la pression quotidienne ; afin de l'empêcher de s'accumuler et de se transformer en oppression ou en dépression, voire qu'un jour, sans siffler pour nous prévenir, une surpression provoque l'explosion.

Certains choisiront l'expression physique, d'autres l'expression artistique, d'autres encore l'expression tout court ; à chacun de trouver le meilleur moyen pour faire circuler cette force, cette énergie libérée par le frottement de la vie.

❧ 93 ❧

Trop de réponses posent question

Je me méfie des personnes qui ont réponse à tout, jamais prises en défaut par une question à laquelle elles seraient obligées de répondre « je ne sais pas ». Ce qui apparaît en premier lieu comme une absence de faiblesse, est tout le contraire, un signe de faiblesse : la peur de montrer qu'il y a des choses que l'on ne maîtrise pas et que l'on ne connaît pas, au risque de voir d'autres se montrer plus intelligents et pertinents sur la question.

Vivre, c'est prendre le risque de l'inconnu, de l'ouverture, de l'avenir, de l'autre, qui, face à moi, sont plus porteurs de questions que de réponses.

Tant qu'il y a des questions, il y a de la vie.

❧ 94 ❧

Un acteur,
plusieurs rôles

Un bon acteur peut incarner divers types de personnages ; tel comédien habitué à jouer les méchants pourra interpréter avec autant de brio un gentil. Et nous sommes parfois surpris de découvrir, via les chroniques de magazines people, la vraie personnalité d'une star, timide dans le privé alors qu'elle incarne à l'écran une héroïne qui doit sauver le monde des forces du mal. Personnage, personnalité, personne, viennent tous du même mot latin *persona* qui désigne le masque utilisé au théâtre.

Dans notre vie aussi, nous jouons différents rôles : enfant, amant, parent, ami, employé, patron. Chaque rôle n'exigera pas de montrer les mêmes facettes de notre identité. Nous pourrons être plus agressifs ou soumis dans un contexte professionnel que dans la vie courante ; notre côté enfant ressortira plus facilement avec nos parents et nos amours, qu'avec nos amis.

Notre caractère n'a pas cessé d'évoluer depuis la naissance, parfois même de façon radicale, et nous n'avons pourtant pas la sensation d'être une autre personne. Notre identité est la même, mais notre personnalité peut varier selon le contexte et les circonstances. Untel, toujours zen, deviendra très irritable suite à des problèmes de santé. Une autre, instable et dispersée, trouvera un meilleur équilibre après un premier accouchement. Un timide enfin, osera plus s'affirmer après une promotion. Quand de tels changements sont négatifs, il est courant de se dire : « Ce n'est pas moi, je ne me reconnais pas », on peut même avoir le sentiment de perdre la tête.

Après ma journée de travail, il m'arrive de changer d'habit pour une soirée entre amis. Le matin je suis sérieux et grave, essayant d'aider au mieux des patients qui veulent parfois en finir avec la vie, et le soir, je deviens léger et insouciant. Je rencontre parfois à cette occasion des gens qui, me voyant rigoler comme un gosse, ne me croient pas quand je leur fais part de mon métier. Mais quand je suis avec mes amis, je ne suis pas psychologue, et, au travail, je ne traite pas mes patients en amis.

Je n'ai pourtant pas l'impression d'être fou en fonctionnant de la sorte, ce serait même plutôt le contraire. Ce qui me différencie du schizophrène, qui peut se prendre le matin pour Dr Jeckyll et le soir pour Mr Hyde, c'est que pour moi, psychologue et ami ne sont que des masques et non la totalité de mon identité. Avant d'être psy, j'ai fait d'autres métiers et un jour peut-être je cesserai d'aider les autres. Quels que soient ma profession, mon humeur ou l'évolution de ma personnalité, je suis bien la même personne car, derrière tous ces masques, il y a le même acteur.

Mais alors, quel est mon vrai visage ?
Je vais vous faire une confidence. J'ai beau me regarder dans la glace tous les matins, je n'ai jamais vu mon vrai visage. Je n'en connais que les reflets.

❧ 95 ☙

Un œil dans le rétro,
l'autre sur les panneaux

Un bon conducteur regarde la route devant lui et
jette de temps à autre un coup d'œil dans le rétroviseur.
Quant aux pédales et au volant, il les sent. Qui regarde
trop ce qui se passe dans la voiture risque d'aller droit
dans le mur. Dans la conduite de la vie, nous devrions
aussi avoir un œil sur l'avenir et un autre sur le passé,
en n'insistant pas trop sur ce dernier, car, en regardant
constamment en arrière, il est assez difficile d'avancer.
Quant au présent, il est préférable de ne pas trop se regarder marcher, si l'on ne veut pas s'emmêler les pieds.

De la même façon, un acteur qui s'observe en train
de jouer a toutes les chances de perdre son texte, n'étant
plus à ce qu'il fait. On retrouve ce problème récurrent
chez ceux qui ont des difficultés de communication
et qui se surveillent dès qu'ils tentent de parler, pour
éviter de bafouiller ou de dire une bêtise. Le remède
s'avère généralement pire que le mal. La parole, comme

la marche, est un mécanisme qui fonctionne bien en pilotage automatique, quand le mental ne s'en mêle pas trop.

On peut tourner sept fois la langue dans sa bouche avant de l'ouvrir, et il peut être parfois utile de réfléchir à ce que l'on va dire. Mais une fois que la langue se met à parler, la faire tourner en même temps dans sa bouche ne peut que produire l'effet redouté. Parler ou penser, il faut choisir.

❧ 96 ❧

Un seul coup
n'enfonce pas le clou

Rome ne s'est pas faite en un jour, et l'arbre ne donnera pas de fruits en une nuit. Il nous en a fallu du temps, pour apprendre à marcher, à parler, à écrire, à compter. Combien de fois avons-nous reproduit les mêmes gestes, les mêmes attitudes, parfois les mêmes erreurs, avant de nous construire et de devenir ce que nous sommes ? La clef de l'évolution est la répétition ; il en est de même avec le changement et la guérison psy.

Quelqu'un de timide ne deviendra pas sûr de lui en parlant une seule fois en public ou en abordant une inconnue dans un café. Et la personne, qui a plus l'habitude d'utiliser les coups de poing que les coups de gueule, ne changera pas du jour au lendemain, parce qu'elle a pu, ce matin, remplacer la violence par la colère. Alors, combien de fois faut-il répéter un nouveau comportement avant qu'il fasse partie intégrante de notre personnalité ? Cent fois, mille fois, cent mille fois s'il le faut.

Changer en profondeur consiste souvent à chasser les vieux démons qui nous ont accompagnés durant de nombreuses années ; c'est comme une seconde naissance. On change de peau, de personnalité, de vie. On devient une nouvelle femme, un nouvel homme, notre entourage s'apercevant la plupart du temps de cette transformation. Devrons-nous attendre neuf mois pour renaître au monde ? Peut-être, et peut-être plus.

Le fœtus, lui, s'attelle à cette tâche vingt-quatre heures sur vingt-quatre. Son cœur bat sans relâche, toujours le même geste qui le fait grandir. Alors, pour vous, tout dépend du temps que vous voulez consacrer à votre changement ou guérison. Une heure par jour ? par semaine ? par mois ?… Vous voyez le chemin qu'il reste à parcourir. Mais ne désespérez pas. Marchez sans compter vos pas. Plus vous oublierez la destination, moins vous sentirez la répétition.

❧ 97 ❧

Une larme
désarme

On a l'habitude de considérer les larmes et la souffrance comme une position de faiblesse de la part d'une
pauvre victime aux prises avec un méchant bourreau,
mais c'est oublier un peu vite que la souffrance peut
aussi devenir une arme efficace.

Elle est à l'origine du sentiment de culpabilité, et
provoque chez l'autre remords et tourments, comme
dans certains suicides où l'entourage se rend respon-
sable de la catastrophe. Et la ruse de cette stratégie est
qu'elle dédouane la victime de toute responsabilité. Qui
oserait, en effet, s'en prendre à une personne faible qui
souffre ? La souffrance n'est-elle pas le signe manifeste
que c'est elle l'innocente et l'autre le coupable ?

En psychologie, il n'y a pas des bons et des mauvais,
des victimes totalement innocentes et des bourreaux
seulement méchants. L'enfant, le vieillard, le malade,

l'être faible en général, peuvent aussi nous vouloir du mal. Souffrance et violence sont les deux faces d'une même médaille. Quand l'une est là, son ombre n'est pas loin.

❧ 98 ❧

Vache qui rumine n'est pas chagrine

Notre corps ne peut pas ingérer une pomme entière, car elle est trop grosse pour pouvoir pénétrer dans nos cellules et les nourrir. Il faudra donc la découper, en mastiquant, puis la digérer chimiquement, afin de séparer les éléments nutritifs des déchets. Si l'aliment est trop complexe à digérer, il faudra remâcher autant que nécessaire, comme la vache sait si bien le faire.

Ruminer est une conduite fréquente suite à un événement difficile ou tragique, qui nous a laissé une boule en travers de la gorge ou un nœud à l'estomac. Les personnes qui vivent ces pensées obsédantes s'efforcent généralement de les arrêter par tous les moyens, ce qui paradoxalement ne fait qu'augmenter leur besoin de ressasser. Elles croient se débarrasser d'un comportement négatif qui augmente leur chagrin, alors que leur cerveau essaie seulement de digérer ce passé.

L'exemple type est la séparation amoureuse, dont on n'arrive pas à se remettre parce que l'on persiste à garder une image idéalisée de l'amour perdu. Comment renoncer, en effet, à quelque chose de totalement positif ? Impossible à digérer. Quand on accepte d'en vouloir à l'autre, la boule commence à diminuer. Pour digérer le passé, les pensées acides sont plus efficaces que celles qui ont le goût de miel.

Valeur des cartes dépend du jeu

Supposons que j'aie quatre as et que je sois en train de jouer au poker. Je suis bien sûr très enthousiaste, parce qu'avec de telles cartes en main, je suis à peu près sûr d'emporter la partie. Et puis, sans prévenir, ma partenaire m'annonce que les règles ont changé, et que nous jouons maintenant au tarot. Mes cartes ne valent alors plus rien. Et pourtant, ce sont les mêmes qu'avant.

Au jeu de l'amour, on retrouve le même problème. Cette personne m'aime, tient à moi et me le prouve chaque jour. Puis, un matin, elle me dit que les règles de notre relation ont changé. Elle me quitte. Du jour au lendemain je ne vaux plus rien à ses yeux. Ou alors mon patron me notifie qu'il est obligé de me licencier, pour faire face à la mauvaise conjoncture économique, malgré mes qualités professionnelles dont il n'a jamais douté. Plus tard, c'est la société qui me remerciera pour mes bons et loyaux services, elle me souhaitera une bonne retraite et se justifiera platement par un « il faut bien laisser la place aux jeunes ». Ces jeunes, dont feront partie mes enfants, qui iront vivre leur vie et me laisseront seul face à la vieillesse et à la mort. Ou bien encore, c'est le corps qui lâchera et qui me fera savoir qu'il y a des choses que je ne pourrais plus faire comme avant.

Dans ces situations, j'ai le choix de penser que c'est ma valeur qui a baissé ou que ce sont les règles du jeu qui ont changé. Dans les deux cas, j'ai toujours quatre as en main.

❧ 100 ❧

Vase vide
ne craint pas goutte d'eau

On a longtemps accusé cette pauvre goutte d'eau d'être la cause du débordement du vase, mais j'aimerais aujourd'hui prendre sa défense. C'est le vase, le coupable ; s'il n'avait pas été plein, il n'aurait pas débordé.

Il est déjà arrivé qu'un élève veuille mettre fin à ses jours suite à une mauvaise note. J'ai même connu le cas d'une jeune fille brillante qui s'était jetée par la fenêtre de chez elle, après avoir appris qu'elle n'avait eu que 17/20 en français. Aucune de ces notes n'est bien sûr la cause de leur acte désespéré. Cet événement vient seulement s'ajouter à quantité de frustrations, rancœurs et souffrances qui n'ont pas été évacuées et qui, de fait, ont rempli peu à peu ce vase affectif prêt à déborder à la moindre goutte de pluie.

On ne peut pas empêcher la pluie de tomber, mais on peut faire baisser le niveau de nos souffrances, en évacuant autant que possible ce que nous avons au fond du cœur. Par la parole, mais aussi l'écriture, le chant, le jeu, le rire, l'action, la peinture, le sport… Bref par toute forme d'expression qui vise à transformer cette pression interne avant qu'elle ne devienne dépression ou que le barrage ne lâche, provoquant l'explosion.

Crever l'abcès avant qu'il nous crève.

❧ 101 ❧

Vie marquée
se fait remarquer

Si vous faites une enquête sur les êtres remarquables et remarqués qui ont tenu un jour le haut de l'affiche – qu'ils aient été artistes, penseurs, sages, écrivains ou savants – vous constaterez sans peine qu'une proportion non négligeable de ces gens extraordinaires a été marquée par un passé qui n'a pas été non plus des plus ordinaires. Comme si les blessures de l'enfance les poussaient à chercher une reconnaissance qu'ils n'avaient pas eue à l'origine.

Tous les gens célèbres ne sont pas torturés intérieurement, mais beaucoup de gens torturés intérieurement ont besoin de devenir célèbres pour moins souffrir. Ce n'est pas un choix, mais plutôt une nécessité.

Quel serait le signe que l'on est libéré des manques du passé ? Quand on préfère l'étiquette VOP (*Very Ordinary Person*) à celle de VIP (*Very Important*

Person).

Qui sait vivre heureux en se contentant d'être une personne très ordinaire, est sûrement un être extraordinaire. Être quelqu'un est aisé, être soi, bien plus compliqué.

Voiture sans frein
n'ira pas loin

Les voitures, les motos, les vélos et les camions ont deux pédales. L'une pour accélérer, l'autre pour freiner. L'une pour aller vers le positif, l'autre pour éviter le négatif.

Si l'accélérateur est cassé, on n'ira pas bien vite, sauf en descente, mais le véhicule sera tout de même utilisable. Si c'est le frein qui lâche, le problème sera par contre plus grave, et il vaudra mieux ne pas prendre la route tant qu'il ne sera pas réparé.

La vie possède aussi deux principaux leviers. Si notre système de nutrition positive est défaillant, on assistera à une panne de l'envie et du plaisir et on verra l'organisme devenu dépressif fonctionner au ralenti. Si c'est le système de protection contre le négatif qui est déficient, il n'y aura plus de contrainte, de limite ou d'effort pour arrêter la pédale du plaisir, et la sortie de route est à craindre comme dans l'overdose de drogue.

Plus la vitesse s'accroît, meilleurs doivent être les freins.

Plus le plaisir augmente, plus les contraintes sont nécessaires.

❧ conclusion ❦

108
est insolite

Lors de la publication de mon ouvrage « 216 questions embarrassantes que vous n'avez jamais osé vous poser », j'ai été surpris par la question qui revenait le plus souvent dans la bouche des lecteurs. Ce n'était pas, comme j'aurais pu m'y attendre, de connaître mes propres réponses aux questions parfois étranges que je proposais dans ce livre, mais de comprendre pourquoi 216 questions, et non pas 200, 222 ou 250 par exemple ; chiffres qui, j'en suis sûr, leur auraient posé moins de problème.

Alors, plutôt que d'être inondé à nouveau par le même questionnement existentiel, je vais tenter d'éclaircir pourquoi j'ai écrit 108 proverbes. (En fait, il y en a officiellement 103, mais j'en ai caché cinq autres dans le contenu des histoires ; à vous de les trouver.)
Je pourrais dire que ce n'est pas un hasard si 108 correspond exactement à la moitié de 216. Ou alors que le

8 couché marque le signe de l'infini, et qu'avec des 0 et des 1, comme dans un ordinateur, on peut écrire tous les chiffres à l'infini. Ou encore que c'est l'âge auquel je mourrai. Que 8 plus 1 ça fait 9, et que de 0 à 9 il y a les neuf chiffres de la création. Que 1 est le signe de Dieu, de l'Absolu, que 0 est celui du néant, de l'Enfer, et que le 8 a la forme d'un humain qui se tient debout entre ces deux extrêmes. Ou bien tout bêtement, et ce sera ma dernière hypothèse, car l'on pourrait continuer ainsi jusqu'à la fin des temps, que si je me suis arrêté à 108 proverbes, c'est que je n'en avais plus d'autres intéressants en stock. Et si j'en avais mis 106 ou 107, il y a des chances que j'aurais eu droit au même étonnement.

Notre mental est ainsi. Il pense que tout a un sens ; un sens compréhensible par le cerveau, s'entend. Un peu comme l'enfant se croit le centre du monde et s'imagine que le bruissement du feuillage ou l'arc-en-ciel sont là pour lui envoyer des signes que lui seul est en capacité de comprendre. C'est aussi le fonctionnement du paranoïaque, qui projette son angoisse, son insécurité et ses sentiments négatifs sur les autres, et qui est intimement persuadé que les sourires ou les moqueries des passants s'adressent à lui.

Moins on a confiance en soi, et plus l'on cherche à compenser cette faiblesse par une forte confiance dans le monde extérieur.
Moins j'ai confiance dans la vie, plus j'en chercherai le sens.

Sommaire

Thèmes

(les chiffres renvoient aux numéros des proverbes)

Action / Expérience : 13, 33, 36, 39, 41, 78
Agressivité / Violence : 22, 30, 50, 73, 97
Amour / Couple : 7, 13, 15, 18, 26, 28, 40, 61, 64, 76, 87
Angoisse / Anxiété : 48
Autonomie : 79
Avenir : 2, 6, 33, 75
Bien / Mal : 3, 7, 11, 14, 53, 68
Bonheur : 3, 8, 11, 34
Boulimie : 20
But : 2, 16, 18, 33, 66, 77
Changement : 4, 5, 7, 8, 12, 19, 49, 57, 63, 69, 74
Choix / Décision : 18, 33
Communication : 1, 13, 15, 56, 62
Conduite à risque : 38
Confiance en soi : 21, 38, 93
Culpabilité : 50, 97
Défenses / Protection : 4, 12, 17, 19, 20, 23, 24, 30, 43, 53
Dépression : 17, 30, 39, 40, 52, 92
Désir : 2, 39, 63
Désordre : 91, 103
Deuil : 83, 98
Différence : 9, 11, 15, 24, 101
Échec / Réussite : 6, 8, 16, 18, 33

du même auteur

Ysidro FERNANDEZ
- *2042 venue de Jésus ou du dieu d'Internet ?*
- *GYM PSY les vitamines de l'esprit*
- *l'AMOUR en 3D*
- *Contes et Proverbes psy*
- *la Bonne Question...*

Ysidro FERNANDEZ & Jean-Pierre ERNST
- *Don PSYCHOTTE*
- *Amour A mort*

Philosophe, psychologue, écrivain, auteur d'ouvrages au carrefour de la philosophie, de la psychologie, du coaching et de la sagesse.

YsidroFernandez@free.fr

www.ingramcontent.com/pod-product-compliance
Lightning Source LLC
Chambersburg PA
CBHW022105280326
41933CB00007B/270